Young-Ae Chon

—

Lyrik in Konfrontationen

Young-Ae Chon

# Lyrik in Konfrontationen

## Wendezeiten

Königshausen & Neumann

*Bibliografische Information der Deutschen Nationalbibliothek*

Die Deutsche Nationalbibliothek verzeichnet diese Publikation in der Deutschen
Nationalbibliografie; detaillierte bibliografische Daten sind im Internet
über http://dnb.d-nb.de abrufbar.

© Verlag Königshausen & Neumann GmbH, Würzburg 2012
Gedruckt auf säurefreiem, alterungsbeständigem Papier
Umschlag: skh-softics / coverart
Umschlagabbildung: Thomas Gleich: Sinus im Dunkeln © fotolia.com
Bindung: Zinn – Die Buchbinder GmbH, Kleinlüder
Printed in Germany
ISBN 978-3-8260-4578-3
www.koenigshausen-neumann.de
www.buchhandel.de
www.buchkatalog.de

# Vorwort

„Die deutsche Revolution des Jahres 1989 richtete sich zunächst nur gegen den kommunistischen Staat auf deutschem Boden, bald aber auch gegen die Spaltung. Beides hing miteinander zusammen."[1] So lautet der Kommentar eines Historikers zu dem, was seit 1989 in Deutschland geschah.

„Wir sind das Volk" – „Wir sind ein Volk" – Aus diesen so spontanen wie folgenreichen Ausrufen vor Ort sind dann markante Schlagzeilen in den Pressemeldungen und bleibende Zitate in Büchern geworden. Was aber dazwischen, dahinter und jenseits dessen stattfindet, ist die Fülle des Lebens, die sich nicht in wenige Zeilen bringen lässt.

Großen Herausforderungen, mit denen die radikale Veränderung der Gesellschaft sie konfrontiert, begegnen Menschen im Sog der Ereignisse mit besonderer Intensität – mit oder ohne Erfolg. Mit dieser Intensität und der emotionalen Fallhöhe hat die Literatur zu tun – sowohl stofflich (im Hinblick auf den Reichtum an Stoff) als auch strategisch (im Sinne der literarischen Gestaltung wie der Bewältigung).

Anders als ein Roman, der ein großes fiktionales Gefüge benötigt, bietet die Lyrik oft eine Momentaufnahme von der Lage des Individuums in der Gesellschaft, und das so vermittelte Bild hat dank ihrer konzentrierten Sprache nachhaltige, ja, manchmal nachhaltigere Auswirkungen als ein sachlicher Bericht. In dem Sinne erweist sich die Lyrik oft als eine effektive Erinnerungsarbeit. Obwohl sie von jeher als subjektive Gattung gilt, sind besonders Gedichte, die in Umbruchzeiten entstanden sind, oft in hohem Maße Zeitzeugnisse.

Was seit 1989 in Deutschland geschah, ist in vieler Hinsicht für die Welt von Bedeutung. Eine der negativen Folgeerscheinungen des Weltkrieges, die Teilung, ist – wenigstens in einem Land – bewältigt: Die Probleme des durch spaltende Ideologien geprägten Jahrhunderts werden somit in Richtung Normalisierung überwunden. Was durch die Eingliederung einer sozialistischen Gesellschaft in eine kapitalistische passiert ist, und zwar in extrem kurzer Zeit, ist auch relevant für die Welt, die sich im Ganzen im Übergang zu einem vereinheitlichten wirtschaftlichen System befindet.

Die Wiedervereinigung Deutschlands mit ihren Begleitumständen wie Folgeerscheinungen wird außerdem von den Bürgern eines immer noch geteilten Landes mit besonderer Aufmerksamkeit verfolgt. In Korea ist die Frage, wie wir unsere erwünschte Wiedervereinigung überhaupt und möglichst mit wenigen Beschädigungen erreichen können, nämlich noch brennend aktuell.

Auf dieser Basis habe ich die Vorgänge in Deutschland, wenn auch aus großer Entfernung, mit wachem Interesse beobachtet. Die Lyrik hat mir dabei mit ihrem kleinen Umfang doch eine Serie von Zeitbildern gegeben. Diese wurden

---

[1] Wolfgang Schuller: *Die deutsche Revolution 1989*, Berlin 2009, S. 17.

mir nicht durch die sachliche und genaue Darstellung der Gegenstände vermittelt, sondern ich konnte durch Gedichte den Zugang zum Inneren der Menschen finden und dann sozusagen von innen her zusammen mit denjenigen, die schrieben, das äußerliche Geschehen miterleben und betrachten. Diese Art Zugang zu Menschen mitten im geschichtlichen Wandel war für mich ein Erlebnis. Denn da ging es nicht bloß um das Thema der deutschen Teilung und Wiedervereinigung; darüber hinaus konnte ich den Menschen in ihren Lebensbedingungen begegnen. Außerdem gewann ich Verständnis für die Menschen, die in einem sozialistischen System leben: einen mittelbaren Zugang zu den Koreanern in einem maßlos verschlossenen, noch bestehenden System: weite, weite Umwege zu den nächsten Nachbarn.

Die Gedichte aus den Wendezeiten, die in meinen Augen repräsentativ für die Auseinandersetzung mit diesem Thema sind, habe ich ausgewählt und kommentiert. Ich habe dabei die Perspektive gewechselt: In den Abschnitten mit römischen Zahlen habe ich mich – hauptsächlich anhand von Anthologien, die noch im Sog der historischen Geschehnisse konzipiert wurden, nämlich im Jahr des Mauerbaus und in dem der Wiedervereinigung – um einen Überblick bemüht, in den dazugehörigen Kapiteln mit arabischen Zahlen dann den Fokus auf einzelne Dichter gerichtet. Nach dem Überblick über die Lyrik im Eröffnungskapitel wechselt die Totale mit zwei, drei Nahaufnahmen (zum Thema Teilung und Wiedervereinigung) ab. Oft, besonders in diesen, beginne ich mit dem Fokus auf ein Gedicht, um dann zu einem Gesamtbild zu gelangen. Im allerletzten Kapitel wird – ebenfalls anhand der Lyrik – die Lage im geteilten Korea betrachtet.

*

Dieses Buch verdanke ich dem Freiburg Institute for Advanced Studies der Universität Freiburg, das mich als seinen Fellow einlud und mir die wunderbare Gelegenheit verschaffte, mich einem lange gehegten Wunsch zu widmen. Dieses Buch ist also mein FRIAS-Projekt, aber nur eine Hälfte davon; die andere, die mit dem Titel *Grenzgänge der poetischen Sprache* folgt, untersucht – räumlich wie zeitlich erweiternd und ergänzend – auch die Macht der poetischen Sprache.

Dieses kleine Buch verdankt sich vielen helfenden Menschen: Kai Köhler gab mir immer bereitwillig sprach- wie inhaltbezogenen Rat. Die sprachliche Hilfe von Renate Holle, Ingrid und Roland Breitenfeld war ebenfalls überwältigend. Die Abrundung der Arbeit verdanke ich Ingrid und Günter Oesterle. Für redaktionelle Hilfeleistung danke ich Hanna Endres, Birgit Geipel, Jeong Min Yun, Shieun Oh, Jeongjun Park und Nora Wiedenmann, für die Aufnahme meines Manuskripts in sein Verlagsprogramm Thomas Neumann.

Für ihre Ermutigung wie ihren Rat schulde ich Achim Aurnhammer, Hendrik Birus, Anna Chiarloni, Wolfgang Emmerich, Sebastian Donat, Werner Frick, Jochen Golz, Alfried Holle, Reiner Kunze, Saein Park und Brigitte Rath von Herzen großen Dank.

# Inhaltsverzeichnis

SENSIBLE WEGE der Lyrik

# I. *SENSIBLE WEGE* der Lyrik
Reiner Kunze • die Lyrik im geteilten Deutschland

SENSIBLE WEGE

Sensibel
ist die erde über den quellen: kein baum darf
gefällt, keine wurzel
gerodet werden

Die quellen könnten
versiegen

Wie viele bäume werden
gefällt, wie viele wurzeln
gerodet

in uns[2]

## I.1. Differenz einer lyrischen Losung

Geht man von einem Gedicht aus, so lässt sich ein Gespräch über Lyrik konkret
führen. Das Erlebte ermöglicht die Verständigung über ein Ereignis. Die deut-
sche Teilung und Wiedervereinigung betrafen am meisten die Bürger der DDR,
deren Leben dadurch in den alltäglichsten Dingen betroffen war oder sich nicht
selten von Grund auf veränderte. Daher wird hier in der Hauptsache das betrach-
tet, was in der DDR und später in den neuen Bundesländern geschrieben wurde.

Hier haben wir ein sehr „leises" Gedicht, das aus nur wenigen Wörtern und
noch dazu wenigen, an den Fingern abzählbaren Wortfeldern besteht. Akustisch
sind die harten Konsonanten vermieden und auch optisch weckt die Kleinschrei-
bung den Eindruck, dass Kunze hier um die Dämpfung der Stimme bemüht ist.[3]
Sogar die Satzzeichen sind ausgespart. Die wenigen Nomen sind alle dem „stil-
len" Naturbereich entnommen („erde", „quelle", „baum", „wurzel"), während
die den Nomen gegenüberstehenden Verben die Bedrohung darstellen, der die
Naturgegenstände ausgeliefert sind: „fällen", „roden", „versiegen". Sie bilden den
Inhalt des einzigen Verbots (dürfen nicht), dessen gängiges Übertreten („ge-
fällt", „gerodet werden") und die mögliche tödliche Folge (könnten versiegen).
Außer Modalverben gibt es nur ein Verb, die Kopula „sein", die auf die Zustän-

---

[2] Reiner Kunze: *sensible wege. achtundvierzig gedichte und ein zyklus*, Reinbek bei Ham-
burg 1969, S. 50.

[3] Hierin hat die gemäßigte Kleinschreibung eine andere Funktion als etwa bei H. M. En-
zensberger. Der Autor selber sagte dazu, dass es eine Diskussion gab, ob Deutsche nicht auch
die gemäßigte Kleinschreibung einführen sollten, und da Lyrikleser die bewusstesten Leser
sind, habe er sich gedacht, der Lyriker sollte vorangehen. Vgl. Reiner Kunze: *Wo Freiheit ist ...
Gespräche 1977-1993*, Frankfurt/Main 1994, S. 151.

digkeit bezogen ist, und zwar mit dem Hinweis darauf, dass die Erde „sensibel"
ist.

Die Aussage ist eindeutig: Die Bäume dürfen nicht gefällt und gerodet wer-
den, sonst würde unsere sich an Gebrauchszwecken orientierende, rücksichtslose
Nutzbarmachung der Natur nicht nur die Natur, sondern auch die Menschen
kaputt machen – ein evidenter Inhalt wird also ohne jegliche Redundanz vermit-
telt. Ein solch expliziter Überredungsversuch kann eine Losung sein. Inwieweit
unterscheidet sie sich aber von den üblichen Losungen etwa eines Umwelt-
schutzvereins? Darin wäre gerade die Differenz zwischen einer lyrischen Aussa-
ge und einem Gebrauchstext zu suchen und wäre weiterhin die Frage mittelbar
zu beantworten, was die lyrische Sprache heute noch leisten kann. Die „Lo-
sung" hier, dass kein Baum gefällt, keine Wurzel gerodet werden dürfe, appelliert
trotz des anscheinend logischen Arguments („Die quellen könnten versiegen")
an das Gemüt, nicht an den Verstand. Ein Appell dieser Art kann beim Leser je
nach Individuum (und seinem Resonanzkörper) unterschiedliche, aber starke
Resonanz finden, als würde eine feine Nadelspitze oder ein feiner Sensor den auf
der Schallplatte gespeicherten Klang zurückrufen.

Die mögliche Leserwirkung verdankt das Gedicht m.E. zunächst dem Ad-
jektiv „sensibel" in dem einführenden Satz: „Sensibel | ist die erde über den
quellen", hauptsächlich aber der letzten einzeiligen Strophe, und zwar den bei-
den Wörtern: „in uns". Das Adjektiv „sensibel" ist durch die Umkehrung der
Satzfolge und durch die Wiederholungen – einschließlich des Buchtitels wird es
sogar dreimal genannt – stark betont. Die Betonung eines solchen Eigenschafts-
worts ist an sich schon eine Aufforderung zu einem behutsamen Umgehen mit
dem Substantiv, auf das sich das Adjektiv bezieht – ein Appell an den Leser, aber
auch eine Erklärung der Parteinahme des Autors für die Natur. Denn auf diese
Weise und vor allem durch den Titel wird gerade auf die Wege hingewiesen, die
der Autor gehen will:[4] auf der Seite der leidenden, beschädigten Natur zu stehen
und für sie zu sprechen. Die Stellungnahme des Autors und die Bezugnahme des
Lesers auf den Text, wie sie dem Anfang schon zu entnehmen sind, lassen sich in
der letzten „Strophe" deutlich ablesen. Durch die zwei winzigen, aber das Ge-
wicht einer ganzen Strophe tragenden Wörter wird der Leser in den Text und
auch in das vom Text konzipierte Problem schlagartig einbezogen, so dass ihm
sein Bezug zum Text, seine Gemeinschaft mit dem Autor und seine Zugehörig-
keit zu der unantastbaren Verzahnung von Mensch und Natur bewusst werden;
ihm kann etwa, durch Erinnerung an seinen eigenen Anteil an Umweltzerstö-
rung und Umweltschutz, bewusst werden, dass alle Menschen ohne Ausnahme
am Schutz der Natur wie an deren Beschädigung beteiligt sind. Der Aufforde-
rung fehlt aber jeglicher Zwang. Die Wirkung wird nicht von außen her in Gang
gesetzt, sondern geht von innen, von der Reflexion aus; der Leser denkt zu-

---

[4] Man erinnere sich an die Bitterfelder Wege, wodurch die Behörden der DDR die Pro-
duktivität einschließlich der Ausnutzung der Natur auf ein Höchstmaß zu steigern versuchte.

nächst darüber nach, was die Rücksichtslosigkeit anderer in ihm selber beschädigt hat. Bewusst oder unbewusst, mehr oder weniger geht ein Leser von solchen Erinnerungen an eigene Erfahrungen aus und denkt dann über weitere rücksichtslose Verletzungen nach. Auf deren Prüfung kann auch der Gedanke an mögliche Maßnahmen folgen. Dazu wird der Leser durch die Aussage des Gedichts motiviert, die ihm etwas „bedeutet", in ihm Resonanz findet.

Indem er sich an das Gemüt des Menschen wendet, erlebt der Text eine Intensivierung der Wirkung. Darauf fundiert im Grunde eine literarische Aussage, deren Botschaft an das Publikum gerichtet ist. Ein solcher Ansatz bei der Selbstreflexion des Einzelnen wäre gerade eine klassische Strategie der Literatur, besonders der Lyrik. Hier hat der Dichter dies u.a. mit dem einen Adjektiv „sensibel" und den zwei kleinen Wörtern „in uns" und vor allem mit viel Schweigen dazwischen ermöglicht – denn auf eine derart leise betonte Aussage mittels weniger ausgewählter Wörter versucht der Leser zu horchen. Der Leser wird sensibilisiert.

## I.2. Wo der Baum verwurzelt war

Der Autor Reiner Kunze ist ein Lyriker, dessen Umsiedlung in den Westen als Folge des Bruchs mit der Staatsmacht allgemein bekannt ist. In einem so offensichtlichen Fall darf man nicht nur vom Kontext des Gedichtes, sondern auch ohne weiteres von dessen gesellschaftlichem Kontext sprechen.

Der Gedichtband *sensible wege* (1969) liest sich u.a. als eine sehr spezifische lyrische Diagnose einer Gesellschaft. Den feinen Bildern der Gemütslage des Einzelnen ist schließlich das Bild einer Gesellschaft zu entnehmen, in der eine kollektive Moral herrscht. Für diese fand der Dichter im Eröffnungsgedicht des Bandes die treffende Metapher „Hochwald".

DER HOCHWALD ERZIEHT SEINE BÄUME

Der hochwald erzieht seine bäume

Sie des lichtes entwöhnend, zwingt er sie,
all ihr grün in die kronen zu schicken
Die fähigkeit,
mit allen zweigen zu atmen,
das talent,
äste zu haben nur so aus freude,
verkümmern

Den regen sieht er, vorbeugend
der leidenschaft des durstes

Er läßt die bäume größer werden
wipfel an wipfel:

Keiner sieht mehr als der andere,
dem wind sagen alle das gleiche.[5]

Hier liegt auf der Erziehung des Volkes großes Gewicht, und die Erziehung zielt auf die Askese der Einzelnen („sie des lichts entwöhnend | [...] | Den regen siebt er, | vorbeugend | der leidenschaft des durstes") zugunsten des Kollektivs („zwingt er sie | all ihr grün in die kronen zu schicken"). Eine Erziehung dieser Art lässt die einzelnen Bäume trotz des Anscheins vom Gedeihen im Ganzen praktisch ihre Bestimmung, sich zu entfalten, verfehlen. Die Bäume wachsen hoch, verlieren aber als Folge ihre Artenvielfalt: „Keiner sieht mehr als der andere, | dem wind sagen alle das gleiche". Somit ist die „Ethik" einer solchen Gesellschaft formelhaft genannt: „Im mittelpunkt | steht der mensch | | Nicht | der einzelne" („Kurzer Lehrgang").[6] Die Situation des derart gehüteten und systematisch gepflegten einzelnen Baumes zieht in den Gedichten immer wieder den Blick auf sich. Sie erweist sich als kritisch. Der Durst, den der einzelne Baum fühlt, ist so groß, dass er wie „bei strafe des verdurstens" leidet und lieber gefällt werden möchte: „Ich hoffe | mit jedem axthieb geführt" („Dreiblick").[7]

Der Baum wird nach dem Fällen zum Gebrauchsgegenstand oder zum Kunstwerk verarbeitet. Dies ist im Hinblick auf den Baum Mord, ein Vorgang, den ein Lebewesen erleidet und woran es stirbt. Die zweckmäßige „Verarbeitung" des Menschen kann genauso ein Verbrechen sein. Denn einen Menschen seiner Persönlichkeit und der angeborenen Freude am Leben zu berauben bedeutet praktisch, ihn zu morden.

Auch nach dem sturz
stirbt der baum im baum
nur langsam

Wie im menschen der mensch

Ihm den
kern nehmen,
aushöhlen ihn

Das
macht brauchbar
            „Drei Bildhaueretüden"[8]

Der Gebrauchswert, der betont und undifferenziert bis zum höchsten Maße gesucht wird, verlangt also dringend ein Umdenken. Im ganzen Band werden

---

[5] R. Kunze: *sensible wege*, S. 9.
[6] Ebd., S. 35.
[7] Ebd., S. 19.
[8] Ebd., S. 27.

Einwände gegen das in einem totalitären System vorherrschende Regulieren zwar mit leiser Stimme, doch entschieden erhoben.

Zurück zu unserem Gedicht: Das Gedicht „sensible wege" entstand in einer Gesellschaft, in der die Moral des Kollektivs den Einzelnen bedrohlich unterdrückte. Die Informationen, die hier durch die knappe lyrische Sprache vermittelt werden, gelten der DDR, beschränken sich aber nicht auf sie. Weil sie ein Lagebericht des Gemüts des Einzelnen sind, können sie überall gültig sein, besonders wo die Freiheitsgrade des Individuums in Frage gestellt erscheinen, wo eine Diktatur zu wittern ist. Informationen dieser Art können manchmal – wie in diesem Fall – für längere Zeit gültig sein als das kritisierte System selbst, wie dies die Kurzlebigkeit der DDR erweist. Trotz der fehlenden sachlichen Angaben können sie, aus einer umfassenderen Perspektive betrachtet, manchmal sogar länger gelten als etwa ein Pressebericht, der trotz seiner bemühten Sachlichkeit mehr oder weniger manipuliert wird oder selbst eine Sensation erzeugt. Eine eventuelle Zielsetzung bekommt der kleinen Form „Lyrik" am wenigsten. Ihre ursprüngliche Spontaneität, die unter anderen Eigenschaften nach wie vor viele Leser erreicht, erlaubt keinen Raum dafür. Darauf beruht auch ihre umfassende Wirkung.

Die Literatur bietet in erster Linie den Zugang zum menschlichen Gemüt und dadurch auch zur Gesellschaft. Dabei steht eine Gesellschaft mit ihren Mitgliedern selten im erwünschten Verhältnis. Der zu erduldende Druck fordert auch die Literatur heraus, die im Grunde Ausdruck des Einzelnen ist. Wir beobachten, welch verschiedene Maßnahmen die Literatur ihrerseits dagegen entwickelt. So wird sie manchmal zur Waffe. Im Fall Reiner Kunzes ist bemerkenswert, dass gerade die Lyrik das leistet, dass gerade diese leise und sensible Sprache, die eigentlich eines der Hauptmerkmale der Lyrik ist, als Vehikel der Gesellschaftskritik eingesetzt wurde, wo der kritische Journalismus fehlte. Dabei grenzt sie sich von den üblichen hohen Tönen der Kritik ab. Die Lyrik mit minimaler Lautstärke[9] fungiert als ein Sensor für den Grad des Drucks auf das Gemüt einzelner Menschen. Die Diamantspitze der Nadel ist so fein, dass man es kaum bemerkt (im Gegensatz zu dem herrschenden Diskurs des lauten Tons). Falls die Mitglieder einer Gesellschaft aber etwas Unausgesprochenes schon gemeinsam haben und die feine Nadelspitze gerade das tangiert, kann die Wirkung ihrer Kritik groß sein. Darin liegt das größte Verdienst dieser leisen Sprache. Diese Gefahr hatte die Stasi schon früh erkannt; der Dichter war lange Zeit Verfolgungen durch die Behörde ausgesetzt, bis er 1977 schließlich das Land verlassen musste. Diese Verfolgungen hörten auch im Westen nicht auf, denen absurderweise nicht nur der Dichter als Hausherr, sondern auch die Bäume in seinem Garten ausgesetzt waren:

Zu unserem Hausgrund gehört ein kleines Stück Hang, das wir aufgeforstet haben. Eines Tages beobachteten wir, dass an verschiedenen Stellen der Unterwuchs und an

---

[9] Vgl. R. Kunze: *zimmerlautstärke. gedichte*, Frankfurt/Main 1972, S. 38.

tiefer hängenden Ästen das Laub abstarben. Sie waren mit Pflanzengift begossen worden. Im Briefkasten lag aufgeschlagen ‚DIE ZEIT'. Die Überschrift lautete ‚Keine Krise', und der Artikel nahm Bezug auf meinen Austritt aus dem Verband deutscher Schriftsteller (VS.) – ein andermal begann im Sommer das Laub einzelner Bäume zu welken, und ich beschloß, einen von ihnen auszugraben. Man hatte die Bäume abgeschnitten und sorgfältig getarnt wieder in den Boden gerammt. Im Briefkasten lag ein Millionenmagazin mit einer politischen Invektive.[10]

Auch die entwickelten Lebensstrategien überschreiten an ihrer Originalität die Grenze der normalen Vorstellung – um eine Anekdote zu nennen:

> Als der Lektor des Rowohlt Verlages mir ein Belegstück des Gedichtbandes *sensible wege* bringen wollte und die DDR-Grenzpolizisten sich mit seinem Ausweis für kurze Zeit aus dem Zugabteil entfernten, schrieb er eine Leipziger Anschrift auf einen Zettel, blickte den einzigen Mitreisenden, mit dem er während der Fahrt kein Wort gewechselt hatte, in die Augen und ließ Zettel und Buch in eine Tüte und diese unter den Sitz gleiten. Der Lektor wurde aus dem Zug geholt und mußte nach Hamburg zurückreisen – der Unbekannte aber brachte das Buch zu der Leipziger Anschrift, wo man es für mich entgegennahm. [11]

Die Stasi-Dokumentation, wie sie dem Buch *Deckname Lyrik* (1990) teilweise zu entnehmen ist, kann schließlich dank der schockierenden Gründlichkeit und Intensität als ein seltener Beitrag zur Literaturforschung bezeichnet werden. Auch die Essays, Tagebücher, Reden und Gespräche des Autors[12], die zum großen Teil die einmaligen Erfahrungen eines Einzelnen unter der Diktatur wiedergeben, können nicht nur als persönliche psychische Protokolle und literarische Bewältigung der Wirklichkeit und der Geschichte, sondern auch als bemerkenswerte Dokumentation einer ungebrochenen Verteidigung des Einzelnen gegen jegliche Form ideologischer Gewalt betrachtet werden.

Die Erstarrtheit des Systems veranlasst einen, alle möglichen Strategien zu erfinden und zu entwickeln. Wolf Biermanns origineller Baum ist ein Beispiel dafür: Statt über den Besuch beim erkrankten Havemann zu schreiben, hat er, weil er über den Besuch schweigen sollte, im Gedicht „Grünheide, schweigsam" über

---

[10] Ders.: *Das weiße Gedicht. Essays*, Frankfurt/Main 1989, S. 115f.

[11] Ebd., S. 94f. Anzuführen wären auch zwei weitere Episoden: „Die Originalausgabe des Gedichtbandes *zimmerlautstärke* kam in einer Taschenbuch-Ausgabe heraus und das erste Exemplar, das ich in Händen hielt, hatte in der Mitte einen Knick – ein Mädchen aus Westberlin hatte es im Büstenhalter über die Grenze gebracht. Symmetriebedingt besaß ich dann von diesem Buch zwei geknickte Exemplare. [...]

Für eines meiner Bücher ließ ich mir deshalb von einem Kollegen in Westfalen besonders dünnes Schreibmaschinenpapier besorgen, und als das Manuskript fertig war, zerlegte ich es in 20-Gramm-Briefe. Dann fuhr ich von einer größeren Stadt der DDR zur anderen und steckte in jeder einen der Briefe in den Briefkasten. Sie kamen alle an und wurden von den verschiedenen Empfängern dem Verlag in Frankfurt weitergereicht, so dass das Manuskript wieder zusammengestellt werden konnte."

[12] *Das weiße Gedicht. Essays* (1989), *Am Sonnenhang. Tagebuch eines Jahres* (1993), *Wo Freiheit ist ... Gespräche 1977-1993* (1994), *Bindewort "deutsch"* (1997).

zwei alte Lindenbäume geschrieben und dieses Gedicht zusammen mit einem Zeitungsartikel[13] in den Lyrikband *Die verdrehte Welt – seh ich gerne* (1982) aufgenommen:

> Schon gut! Kein Wort über den Freund
> auf dem Sterbebett. Schnauze, Biermann!
> Aber von den Bäumen werde ich doch reden
> dürfen: abwärts zum See gegen Süden
> hinterm Haus diese beiden gewaltigen
> Lindenbäume, zwei alte Bekannte traf ich
> – der eine steht wie seit ewig, der
> andere liegt wie seit damals, als ihn
> der Herbststurm umlegte übers Ufer hin.
> Was sind das für Zeiten, da ein Gespräch
> über Menschen fast ein Verbrechen ist,
> aber von den Bäumen, nicht wahr, Genosse
> Honecker, von den Bäumen werde ich reden[...][14]

Der Baum hier ist weder Metapher noch Vergleich. Er steht für alle gewesenen und möglichen Gespräche. Zugleich soll er beweisen, dass Biermann von nicht mehr als dem Genehmigten sprach. – Ein rarer Alibibaum in der Literaturgeschichte.

Persönliche Lageberichte unter solcher Bedingtheit werden häufig auch von anderen Schriftstellern vorgelegt, die zur selben Zeit wie Reiner Kunze debütiert haben, von Volker Braun, Karl Mickel, Sarah Kirsch, Günter Kunert usw. Reiner Kunze registrierte sie mit feinster Sensibilität, der eines fast Hautlosen. Jedoch sind seine Gedichte symptomatisch für eine ganze Generation, die sogenannte zweite Schriftstellergeneration der DDR. Das Gefühl des Eingesperrtseins etwa ist nirgends sonst so lapidar und wirkungsvoll ausgedrückt wie in seinem Gedicht „Siebzehnjährig",[15] der Schmerz an der Teilung des Landes nirgendwo so eindrucksvoll wie in seinem kurzen Gedicht „Der Vogel Schmerz".[16] Genauso plausibel resümiert ist die Situation nach dem Mauerfall in dem Gedicht „die

---

[13] „Biermann in Ostberlin – bei Havemann: SED-Chef Erich Honecker machte es möglich. Vom 4. bis 7. April 1982 durfte der 1976 aus der DDR ausgebürgerte Liedermacher Wolf Biermann seinen krebskranken Freund Robert Havemann in Ostberlin besuchen. Die Bedingung des Parteivorsitzenden: Biermann musste versprechen, über den Besuch Stillschweigen zu bewahren und keinen anderen seiner alten Bekannten in der DDR zu treffen. Biermann hielt sich scheinbar an die Abmachung. Mitarbeiter des Staatssicherheitsdienstes nahmen den ungeliebten Politsänger am S-Bahnhof Friedrichstraße in Empfang, begleiteten ihn zu Havemanns Haus im Stadtteil Grünheide und ließen ihn erst wieder beim Grenzübergang aus den Augen. Die Geste Erich Honeckers hatte einen besonderen Grund: Der Staatsratsvorsitzende und der 72jährige Regimekritiker Havemann waren während der Nazizeit gemeinsam im Zuchthaus Brandenburg-Görden eingesperrt." Aus: Wolf Biermann: *Verdrehte Welt – das seh' ich gerne*, Köln 1982, S. 26.

[14] Ebd., S. 27f.

[15] Vgl. R. Kunze: *zimmerlautstärke*, S. 19.

[16] Ders.: *widmungen. gedichte*, Bad Godesberg 1963, S. 22.

mauer".[17] Dabei wird selten konkret geäußert, wo und wie der Druck Leid zufügt, einen beschädigt. Dennoch kann der Leser mitfühlen.

Gültig ist solch ein lyrischer Bericht nicht nur in der Gesellschaft, in der er entstand. Zu dem Zeitpunkt, als in meinem Land der Kampf gegen die Diktatur seinen Höhepunkt erreicht hatte, habe ich Reiner Kunze ins Koreanische übersetzt und vorgestellt – in der Hoffnung, dass ich damit darauf hinweisen könnte, dass es auch unter einer vergleichbar extremen Situation einen lyrischen Diskurs gibt, der einem die Stimmen nicht nur „heiser"[18] macht, wofür sich Bertolt Brecht bei seinen Nachgeborenen entschuldigen musste. Ein anderes Beispiel dafür, dass die Literatur eine dicke Wand der Geschichte gerade mit ihrem Rigorismus durchbricht, nicht etwa dadurch, dass man die Waffen anderer zum Mittel nimmt, ist Paul Celan. Bei den sehr wenigen Lesern, die sie gefunden hat, hat diese Lyrik selbst in der Übersetzung große Resonanz gefunden. Mein *Celan*-Buch[19] und meine *Kunze*-Übersetzungen[20] hat u.a. der jung verstorbene Dichter Ki Hyung-do (1960-1989) gelesen, der in seinem Gedichtband *Schwarzes Blatt im Mund* (posthum 1989) seine „Studienzeit" so resümiert:

> Unter der Holzbank lagen eine Menge Bücher verlassen
> Der Wald von Silberbirken war dicht und schön
> Da wurden aber selbst Baumblätter zu Waffen
> Wenn sie dorthin kamen, schlossen junge Männer, wie auf alles gefasst,
> Die Augen und gingen daran vorbei. Auf der Steinstufe
> Las ich Platon und hörte jedesmal dabei Schüsse.
> Kehrte die Jahreszeit der Magnolien wieder, so gingen Freunde auseinander: ins
> Gefängnis und in den Militärdienst.
> Ein jüngerer Kommilitone, der Gedichte schrieb, vertraute mir an, er sei Spitzel
> Es gab zwar einen Professor, den ich verehrte, er war auch sonst schweigsam
> Nach einigen Wintern blieb ich allein
> Da stand der Studienabschluss bevor, ich hatte Angst vor dem Verlassen der Uni.

„Birkenallee" heißt die romantische Hauptstraße auf dem Campus seiner Universität; sie war aber in den achtziger Jahren der Marschweg zu Straßenschlachten, die im April, wo u.a. weiße Magnolien prächtig aufblühten, besonders heftig waren.[21] Gemischte Gefühle eines jungen Dichters – den Bäumen gegenüber eine Entschuldigung und sich selber gegenüber eine Spur Mitleid – drücken sich in dem einen schlichten Satz aufrichtig aus: „Da wurden aber selbst Baumblätter zu

---

[17] R. Kunze: *ein tag auf dieser erde. gedichte*, Frankfurt/Main 1998, S. 60.

[18] Vgl. Bertolt Brecht: *Gesammelte Gedichte in vier Bänden*. Bd. 2, Frankfurt/Main 1967, S. 725.

[19] Young-Ae Chon: *Die Leidensgestaltung bei Paul Celan*. Seoul 1986.

[20] *Mingamhan Gil* (Sensible Wege) und *Cham Armdaun Nanal* (Die wunderbaren Jahre). Später folgen andere Übersetzungen: *Shi* (Gedichte. Auswahl) (2005) und *Borisu-eu Bam* (lindennacht) (2008).

[21] Rund um den 19. April fanden in den 80er Jahren, in einem politisierten Jahrzehnt, das durch die Diktatur und den Widerstand dagegen geprägt war, besonders viele Demonstrationen statt. Zu diesem Datum gab es 1960 landesweit den historisch ersten demokratischen Aufstand.

Waffen." So wurde eine Diktatur in der Welt bewältigt. Genauer: Von solchen jungen Leuten wurde ein Regime politisch erfolgreich bekämpft; das Gedicht hier zeigt, wie viel die Kämpfergeneration ihrerseits zu bewältigen hatte.

## I.3. So viele Gespräche über Bäume

An der Liebe zu Bäumen kann man fast sicher einen Lyriker erkennen.[22] Diese angeborene Neigung des Lyrikers scheint seit 1945 in Deutschland dadurch verdrängt worden zu sein, dass die Intellektuellen so stark wie nirgends sonst die konfliktreiche Bewältigung ihrer jüngsten Geschichte haben erleben müssen.

Die Brechtsche Wahl zwischen der „Begeisterung über den blühenden Apfelbaum" und dem „Entsetzen über die Rede des Anstreichers" und seiner Entscheidung für das zweite als Schöpfungsantrieb – „Nur das zweite treibt mich zum Schreibtisch"[23] – erweisen sich in der Literaturgeschichte als eine große Herausforderung. Und seine berühmte Klage über die Zeiten, „wo | ein Gespräch über Bäume fast ein Verbrechen ist | Weil es ein Schweigen über so viele Untaten einschließt!"[24]hat anscheinend seine Nachgeborenen ähnlich gehemmt wie Adornos berühmtes Diktum, dass Lyrik zu schreiben nach Auschwitz barbarisch sei. Die nicht grundlose Scheu des deutschen Lyrikers gegenüber der traditionellen Naturdichtung als einer Hauptgattung der Lyrik führte u.a. zur intensiven Konzentration, zu der Möglichkeit der Lyrik überhaupt und weiterhin auf die Sprachskepsis, wie sie an vielen Gedichten der 50er und der frühen 60er Jahre zu beobachten ist.

Bäume sind in der Lyrik schwer zu erblicken: kaum Bäume, nur Gespräche darüber. Dabei sind die noch möglichen Gespräche durch Schuldbewusstsein geprägt. Was das Gespräch über Bäume betrifft, so lässt sich Erich Frieds bekanntes „Gespräch über Bäume" nicht übergehen:

Seit der Gärtner die Zweige gestutzt hat
sind meine Äpfel größer.
Aber die Blätter des Birnbaums
sind krank. Sie rollen sich ein

In Vietnam sind die Bäume entlaubt[25]

Es geht um ein müßiges, schuldbewusstes Gespräch über Bäume, während die Verbrechen in Vietnam verschwiegen werden. Den wortreichen kleinlichen Sorgen des Bürgers ist in jeder Strophe eine lapidare Angabe über die todernste Si-

---

[22] Hier kann G. Kunert als ein gutes Beispiel genannt werden: Um einen dringenden Brief zu tippen, hat er sich in seiner Jugend eine Schreibmaschine ausgeliehen. Statt des Briefes begann er über einen Baum zu schreiben, der vor dem Fenster stand. Das nahm Kunert als Anstoß zum Schreiben. Vgl. Günter Kunert: „Zu Besuch in der Vergangenheit", in: *Neue Rundschau*, 107. Jahrgang, 1996/1, S. 140.

[23] B. Brecht: a.a.O., S. 744.

[24] Ebd., S. 723.

[25] Erich Fried: *Anfechtungen. Fünfzig Gedichte*, Frankfurt/Main 1967, S. 60.

tuation in Vietnam gegenübergestellt. Und mit einer nervösen Wendung in der letzten Strophe kulminiert der Dialog zwischen dem Bürger/ einem fiktiven dritten Zuhörer und dem Kommentator / Dichter:

> Was ist das für ein langweiliger Patron?
> Wovon man auch redet
> er kommt auf Vietnam zu sprechen!
> Man muß einem Ruhe gönnen in dieser Welt:
>
> > In Vietnam haben viele schon Ruhe
> > Ihr gönnt sie ihnen

Hier geht es weder um einen systematischen Vergleich noch um eine Bestandsaufnahme der zeitgenössischen Naturlyrik. Ich möchte kurz auf den aggressiven Zeigefinger-Verweis aufmerksam machen. Der Finger ist mit großer Emphase auf das dumpfe Bewusstsein der wohlhabenden Bürger im Westen gerichtet, die nur die kleinen alltäglichen Sorgen quälen, die somit kein gehöriges Verantwortungsbewusstsein empfinden. Das Gespräch über Bäume bildet also noch – in den sechziger Jahren des 20. Jahrhunderts – im Auge eines politischen Lyrikers in der Bundesrepublik einen Tatbestand. Denn während des Gespräches (schon gar während der Pflege der Bäume) sieht man von den selbst verursachten und selbstverschuldeten Weltübeln gewissenlos oder dumpf ab. Es ist hier nicht mehr wie bei Brecht nur „fast ein Verbrechen", sondern definitiv ein Verbrechen.

Wenn man den lauten Ton dieses Gedichtes von Fried mit dem gedämpften Ton in den „sensiblen wegen" vergleicht, stellt man außerdem die Diskrepanz zwischen beiden sozialen wie kulturellen Landschaften fest, die sich im geteilten Deutschland getrennt auf eigene Weise entwickelt haben: u.a. im Sprechduktus, in der Gesprächskultur überhaupt. Auf der einen Seite weiß man sich so gut zu verteidigen, ist man so gepanzert, dass man gegenüber jeglichem Angriff um keine Gegenreaktion verlegen ist. Auf der anderen Seite versucht man mit jedem Gespräch behutsam und vorsichtig umzugehen, nicht nur um den Stoff künstlerisch wirkungsvoll zu gestalten, sondern auch um sich politisch zu verteidigen. Diese große Entfernung, die Lücke zwischen zwei Systemen, die im Zeitalter des Kalten Krieges auf deutschem Boden existierten, musste unter vielen, die ihre Staatsangehörigkeit und damit ihre ganzen Lebensbedingungen änderten, auch der Lyriker Reiner Kunze überwinden, der sogar unter der Entfernung „von einem wort zum andern"[26] leidet. Auf all diese Umstände weist ein Gedicht hin, das in wenigen Wörtern die Macht versteckt, die Menschen zu sensibilisieren: etwa Frieds fast bedrohliches Zeigen – nichts anderes als ein Beweis für die Notwendigkeit, die aus verschiedenen Gründen abgestumpften Menschen zu erschüttern, weiter zu sensibilisieren.

Eine andere Gesprächsart über Bäume in der Bundesrepublik ist wiederum geschichtlich und gesellschaftlich bedingt: ein schuldiges, verzweifeltes Gespräch,

---

[26] Vgl. R. Kunze: *auf eigene hoffnung. gedichte*, Frankfurt/Main 1987, S. 12.

das zur Skepsis der Sprache überhaupt führt; oder: ein in Sprachskepsis münden-
des Schuldbewusstsein des Überlebenden:

EIN BLATT, baumlos,
für Bertolt Brecht

Was sind das für Zeiten,
wo ein Gespräch
beinah ein Verbrechen ist,
weil es soviel Gesagtes
mit einschließt?[27]

Die bis zur Grenze des Verstummens getriebene Selbstreduktion dieser lyri-
schen Sprache ist bekannt. Hier bleibt vom Baum wörtlich nur ein Blatt übrig.
Kurz: Ein Baum taucht höchstens in einem solchen Kontext der Negation auf,
und es ist eine Folge der Konflikte im Bewusstsein des Dichters. Eugen Gom-
ringer, bei dem die Selbstreduktion mit der Destruktion der grammatischen
Grundstruktur ins Spielerische übertritt, stellt in Form der neuen Poesie die
Sprache überhaupt in Frage. Was den Baum in einem solchen Fall betrifft, so
wird dessen Existenz radikal in Frage gestellt.

vielleicht baum
baum vielleicht

vielleicht vogel
vogel vielleicht

vielleicht frühling
frühling vielleicht

vielleicht worte
worte vielleicht[28]

Von einer vagen Möglichkeit der Existenz, also von prinzipieller Negation aus-
gehend, scheint der Lyriker vorsichtig und zögernd eine Möglichkeit der Sprache
in Erwägung zu ziehen, als würde hier erst wieder eine Neugeburt versucht. Man
bekommt den Eindruck, dass hier und in der Landschaft der westdeutschen Ly-
rik überhaupt die Bäume abgeschafft worden sind. Um ein bisschen zu übertrei-
ben: Man sollte eine Suchaktion betreiben, um einen noch heilen, unversehrten
Baum in der zeitgenössischen deutschen Lyrik zu finden. Ist ein Baum in der Ly-
rik ein so obsoletes Ding?

Auch in der DDR, deren Literatur in etlichen skeptischen Augen zeitlich
„verspätet" und „provinziell" aussah, stehen die Bäume einigermaßen abseits.
Das ist jedoch nicht der Fall bei Peter Huchel und Johannes Bobrowski. Auch

---

[27] Paul Celan: *Gesammelte Werke in fünf Bänden*. Bd. 2, Frankfurt/Main 1983, S. 385.
[28] Eugen Gomringer: *konstellationen ideogramme stundenbuch*, Stuttgart 1977, S. 42.

bei ihnen ist der Platz für die Sprache für den Dichter topographisch wie geographisch anscheinend verdrängt worden: Sie „wohnt" etwa „unter der Wurzel der Distel [...] | Im steinigen Grund".[29] In dem Gedicht „Der Garten des Theophrast" überlebt, wenn auch mitten in der geschichtlichen Wunde, die Tradition der Naturlyrik. Auch in diesem schönen Fall geht es wieder um die Beschädigung der Natur (konkreter: die Repressalien vonseiten der Partei gegen die von Huchel durch Offenheit geprägte Zeitschrift *Sinn und Form*):

**Der Garten des Theophrast**
Meinem Sohn

Wenn mittags das weiße Feuer
Der Verse über den Urnen tanzt,
Gedenke, mein Sohn. Gedenke derer,
Die einst Gespräche wie Bäume gepflanzt.
Tot ist der Garten, mein Atem wird schwerer,
Bewahre die Stunde, hier ging Theophrast,
Mit Eichenlohe zu düngen den Boden,
Die wunde Rinde zu binden mit Bast.
Ein Ölbaum spaltet das mürbe Gemäuer
Und ist noch Stimme im heißen Staub.
Sie gaben Befehl, die Wurzel zu roden.
Es sinkt dein Licht, schutzloses Laub.[30]

Das Gedicht endet mit einer Klage („Es sinkt dein Licht, schutzloses Laub"). Trotzdem erkennt man in dem ganzen Gedicht vor allem einen überlebten Gärtner, der den Boden mit der Eichenlohe düngt, statt sie chemisch zur Lederbearbeitung zu verwenden, und die verwundete Rinde mit Bast sorgfältig wieder verbindet. Die Gartenarbeit bei Theophrast gehört außerdem zur Weiterführung einer großen Schule in der Antike. Der große Gärtner hier findet sich ein bisschen verdrängt und verkleinert, bescheiden sich versteckend.

Deutlicher zeigt sich der Gärtner im Gedicht „sensible wege", das stark politisch bedingt ist, aber da wieder mit seiner sanft emphatischen Verteidigung der Natur und der Menschen.

Wie sich die Lyrik in Konfrontation mit der Zeitproblematik wandelt, lässt sich anhand einer traditionellen Thematik anschaulich zeigen. Im geteilten Deutschland wurde der Zusammenhang von Lyrik und Politik besonders deutlich.

---

[29] Peter Huchel: *Chausseen Chausseen. Gedichte*, Frankfurt/Main 1982, S. 83.
[30] Ebd., S. 81.

Die Teilung des Landes – im Spiegel der Lyrik

## II. Die Teilung des Landes – im Spiegel der Lyrik

### II.1. Die Situation in der BRD

Wie wird aber die Teilung an sich in der Lyrik behandelt? Reflexionen über die Teilung des Landes setzen solche über das Land voraus. Wo man in diesem Zusammenhang, spezifisch historisch bedingt, bestimmte Wörter – wie „das Vaterland" oder „die Heimat" – kaum in den Mund zu nehmen wagt, kann die Lage schwer thematisiert werden. Wenn sich der lange vermiedene Gedanke einmal formuliert, dann kann es ein heftiger Ausbruch sein: etwa wie im Zynismus bei Hans Magnus Enzensberger:

> was habe ich hier verloren,
> in diesem land,
> dahin mich gebracht haben meine älteren
> durch arglosigkeit?
> eingeboren, doch ungetrost,
> abwesend bin ich hier,
> ansässig im gemütlichen elend,
> in der netten, zufriedenen grube.
>
> was habe ich hier? und was habe ich hier zu suchen,
> in dieser schlachtschüssel, diesem schlaraffenland,
> wo es aufwärts geht, aber  nicht vorwärts [...][31]
> > „landessprache" (1961)

Mit dem Autor meldete sich eine Generation zu Wort, die sowohl auf ihre Staatsangehörigkeit als auch auf das Vaterland im bemüht erreichten Wohlstand anscheinend nicht stolz ist. Ihr Land wurde weiterhin „gemütliches elend", „mundtotes feindesland", „das kleinere übel", „die himmelschreiende hälfte" und „mördergrube" genannt. Eine eventuelle Identifizierung damit kann nicht stattfinden: „meine zwei länder und ich, wir sind geschiedene leute" lautet das zynisch, aber auch mit gewissem Humor gezogene Fazit des Autors. Die politische Haltung der Generation ist im Ganzen durch Kritik geprägt.

Kritik macht scharfsichtig: In der Anthologie *Deutsche Teilung. Ein Lyrik-Lesebuch* (1966)[32] fällt unter den bundesdeutschen jungen Autoren der klare Blick auf die Situation auf, obwohl ihre Texte häufig durch Bedenken, Skepsis und Ironie geprägt sind – egal, ob es um eine Anklage der deutschen Teilung geht oder um den Situationspessimismus. Ein Gedicht von H.-Günter Wallraff zeigt deutlich, wogegen ein Dichter steht, wem er widersteht:

---

[31] Hans Magnus Enzensberger: *landessprache. gedichte*, Frankfurt/Main 1970, S. 7.

[32] Kurt Morawietz (Hg.): *Deutsche Teilung. Ein Lyrik-Lesebuch*, Wiesbaden 1966. Dies ist übrigens ein seltenes lyrisches Dokument. Es besteht aus 285 Gedichten von 231 Autoren aus Ost und West, geboren zwischen 1874-1945; diese bilden eine Auswahl aus 3400, aufgrund einer Umfrage, eingesandten Gedichten von 1074 Autoren. Hier beziehe ich mich – mit ein paar Ergänzungen – hauptsächlich auf diese umfangreiche Anthologie.

### Hier und Dort

| I hier freiheit | II  hier gleichheit |
| dort knechtschaft | dort ausbeutung |

| hier wohlstand | hier friedensheer |
| dort armut | dort kriegstreiber |

| hier liebe | hier leben |
| dort haß | dort tod |

| dort satan | dort böse |
| hier gott | hier gut |

III

jenseits von hier      und      fernab von dort
suche ich mir
nen fetzen land
wo ich mich ansiedle
ohne feste begriffe[33]

Stichwörter aus dem politischen Jargon sind hier tabellenartig gereiht und am Ende ist ein bescheidener Wunsch angefügt. Die einfache Reihung der Wörter zeugt schlagartig von der Extremität der Propaganda, die beiderseits – jahrzehntelang – getrieben wurde, aber auch von den Ideologien, die jedes konträre System in der Zeit des Kalten Krieges sich wie Scheuklappen aufsetzte und somit dem Volk auferlegte. Man weiß, dass die Bonner Propaganda die DDR als ein undemokratisches Land denunzierte und als totalitären Staat verteufelte, während die DDR-Behörden nie müde wurden, die BRD als kapitalistisch-faschistischen Staat anzuklagen. (So etwas nennen die Jugendlichen bei uns in Korea im friedlichen Trend-Jargon abgekürzt „Ich-Engel, du-Teufel".) Vor diesem bekannten Hintergrund des Kalten Krieges erscheint der bescheidene Wunsch am Schluss – „nen fetzen land" für sich, aber „ohne feste begriffe" – gar nicht bescheiden, eher irreal.

In den siebziger Jahren schien in der westdeutschen Gesellschaft dann der politische Elan versiegt zu sein, damit auch der Diskurs zu unserem Thema. In der BRD war eine eventuelle Vaterlandshymne undenkbar, ein großer Gesang wurde nie gesungen. Zwar begann die Redaktionsarbeit unserer Anthologie noch im Kreis der Nachwirkungen des Mauerbaus (1961) in Berlin 1963, aber manche Gedichte darin zeigen  schon unverkennbar Aspekte des Rückzugs ins kleinbürgerlich Private – die Züge der Alltagslyrik, die Rolf Dieter Brinkmann einige Jahre später etwa in seinem Gedicht „Kaffee trinken"[34] extrem prägte, schon vorwegnehmend. Ein Beispiel liefert Rolf Heuer (geb. 1946), kein großer Name:

---

[33] Ebd., S. 105.

[34] „Kaffeetrinken (1) || Ich nehme etwas Milch und zwei Löffel Zucker und rühre in der Tasse, die vor mir steht. Dann nehme ich die Tasse hoch, trinke und setze sie wieder ab." Aus:

**refraktion**

seltsam
wenn der
augen
blick
soge
nannte
mensch
liche
größe
mut
der
nächsten
liebe
uns
ab
verlangt
vermögen
wir nur
intensiv
und fast
ehrlich
in der
tasse
zu
rühren[35]

Die Situation im Gedicht ist genau wie bei Brinkmann klein(bürger)lich. Dem Subjekt bleibt immerhin die Konfrontation mit einer großen Frage, egal welcher, hier aber in Verbindung mit der Teilung des Landes; das Gedicht steht nämlich als ein auf die Aufforderung hin eingesandtes Gedicht in der Lyrikanthologie *Deutsche Teilung*. Dominant ist die Ohnmacht, in der sich das lyrische Ich befindet. (Bei Brinkmann fällt das Ausbleiben des großen Themas auf. Demonstrativ sinnlos präsentiert sich das „Gedicht".) Dagegen hat das „intensive | und fast | ehrliche" Rühren in der Kaffeetasse Heuers noch eine Dimension: Das Beschreiben der gleichen kleinen alltäglichen Handbewegung läuft zuerst syntaktisch nicht glatt; die schwere Situation spiegelt sich nämlich in der Zerstücklung eines einzigen Satzes in 24 Zeilen wider, so wie das Licht bricht, wenn man es aus einem Medium immer wieder in ein anderes überleitet – dem Titel entsprechend. Dann, sowohl durch den Inhalt, den man als einen Gedanken durch das Bewusstsein gehen lässt, so schwierig wie durch äußerst verschiedene Medien hindurch, als auch durch die starke Askese des Gefühls – „intensiv | und fast |

---

*Standfotos. Gedichte 1962-1970.* Reinbek bei Hamburg, 1980, S. 306. Dieses Gedicht gehört zum Zyklus „Gras" (1970), der aus den 1968-70 geschriebenen Gedichten besteht.
[35] *Deutsche Teilung*, S. 115.

ehrlich" – gewinnt die alltägliche Bewegung eine gewisse Wirkung auf die Leser; sie gibt ihm nämlich einen Anlass zum Nachdenken über das Gewicht der Forderung, oder vielleicht sogar über eine mögliche Maßnahme dagegen, obwohl die Ohnmacht des Subjekts bei allem doch nicht zu übersehen ist.

Zwischen den beiden kurzen Texten, könnte man, wenn man will, auch eine epochale Kluft sehen: die Jahre um 1968. Denn die Redaktionsarbeit für die Anthologie *Deutsche Teilung* hat wie gesagt schon 1963 begonnen, und Brinkmanns Gedicht gilt als typisch für die Alltagslyrik der siebziger Jahre, oder: die Kluft zwischen einem noch themenbewussten und dem themenverlorenen Schreiben. Die überwältigenden historischen Ereignisse bleiben in dem Gedicht „refraktion" nämlich noch im Horizont: der Mauerbau – vielleicht auch die Nachkriegszeit, und noch ferner die finstere, erste Hälfte des zwanzigsten Jahrhunderts in Deutschland. Für den Zeitkontext unseres Themas in der BRD weisen die beiden kleinen Gedichte doch viel aus.

Bei einem flüchtigen Überblick scheint das Thema bezüglich des Landes in der BRD überhaupt lange entweder einfach zu überwältigend gewesen zu sein, um ohne Bedenken danach zu greifen, oder es wurde weithin ignoriert. Das Nachdenken über die Lage des Landes war anscheinend durch die unbequeme Vergangenheit lange belastet. Die Bewältigung der Vergangenheit fand langsam und unter schwierigen Bedingungen statt. Hierin sieht man womöglich die Grundlage wie Auswirkung des berühmten Diktums, dass Lyrik zu schreiben nach Auschwitz barbarisch sei, besonders deutlich. Auch dass das Thema häufig spielerisch behandelt wird, wäre in dem Sinne verständlich, etwa:

**teilung**

zwei tirols
zwei koreas
zwei vietnams tirols koreas
zwei kongos oder drei vier fünf
zwei irlands
zwei brüder abel
kein kain
zwei deutschlands
und kein deutschland[36]

             Andreas Weitbrecht (geb. 1929)

**Deutschlandlied**

Wir mauern
Wir mauern
Wir mauern
Wir mauern
Wir mauern

---

[36] Ebd., S. 63.

Wir mauern
Wir mauern
Wir mauern
Wir mauern
Wir mauern
Wir mauern
Wir mauern
Wir mauern[37]

   Uve Schmidt (geb. 1939)

Der noch frische Impuls der konkreten Poesie, die gerade auf den Plan getreten war, wird hier ausgelebt. Eine direkte Konfrontation mit dem großen Thema bleibt jedoch in vieler Hinsicht aus.

 Ohnmacht schlägt, wenn sie einem nicht gerade unter den Nägeln brennt, leicht um in Gleichgültigkeit. Die kann dann als Status quo bleiben, wenn nichts Besonderes dazwischen kommt. Selbst in jenem Wendejahr 1989 hatte die Angelegenheit „Wiedervereinigung" in der BRD keinen hohen Stellenwert; z. B. in einer Meinungsumfrage kam sie erst an sechster Stelle.

## II.2. Die dauerhafte Aktualität in der DDR

Kritik, Zynismus, Sachlichkeit, aber auch Unbefangenheit, wie sie aus den Gedichten der jungen BRD-Bürger spricht, scheint den DDR-Bürgern im Rahmen dieses Themas und überhaupt fremd gewesen zu sein. An ihrer Stelle findet sich häufig eine gewisse Pathetik oder Tragik. Die Situation, Voraussetzung der Literatur selbst, war in der DDR, die sich als ein sozialistischer Staat etablieren wollte, völlig anders: Die Literatur sollte, wie alle anderen Künste, in erster Linie dem Staat dienen. Den Bürgern des „Ein-Drittel-Landes" musste andauernd geistiger Stolz eingeflößt werden. Ihrem nationalen Stolz, dass sie allein die faschistische Vergangenheit konsequent bewältigt und nach den sozialistischen Idealen eine neue Republik mit Zukunftsperspektive gebaut hatten, kamen in der DDR auch die Schriftsteller lange – weit über die Anfangsphase hinaus – bereitwillig entgegen. Gegen den Arbeiter- und Bauernstaat war aus vielen Gründen Kritik nur schwer zu entwickeln.

 Nach dem Mauerbau, mit anderen Worten, nach der einigermaßen gelungenen Konsolidierung der Gesellschaft, meldete sich die Generation mit ihrem kritischen Bewusstsein, was einigermaßen toleriert wurde. Die Kritik der Dichter zielte anfangs eher auf die Verteidigung des Individuums, das zugunsten des Kollektivs einseitig zurückgedrängt wurde; gegen Ende galt sie dem sozial wie wirtschaftlich stagnierenden System überhaupt. Selbst im Konflikt, gar im Bruch mit dem Staat wurde auf die sozialistischen Ideale selbst selten verzichtet. Die Bereitschaft zum Eintreten für den besseren Sozialismus teilen die Schriftsteller lange.

---

[37] Ebd., S. 325.

Eine typische Haltung zeigt ein Gedicht in der Anthologie *Deutsche Teilung*. Dieses Gedicht stellt zuerst die oben erwähnten Verse von Enzensbergers „landessprache" als Motto vor. Aber im Kontrast zu Enzensbergers Ratlosigkeit wird hier entschieden eine Alternative benannt – bei Günther Deicke (geb. 1922):

> Im Nebel Londons, in der Sonnenstadt Paris
> will ich das Lob singen meines Heimatlands
> unter dem seidigen Himmel von Prag, in der Heldenstadt Warschau
> will ich voll Liebe sprechen von meinem Land.
>
> Auf dem Meer, unter der riesigen Kuppel aus Wolken und Winden
> will ich mein Vaterland loben.
>
> Doch schwer ist es, die Geliebte zu preisen,
> wenn sie so ganz gegenwärtig ist.
> Denn wir sind *ein* Leib [...]³⁸
>                      „Gespräch mit einem Dichter"

Der Dichter will sein „Vaterland loben", denn es ist „[s]ein" Land. Die Naivität und Pathetik dabei befremden den Dritten, der sie nicht teilen kann; sie werden oft – fast mysteriös – einfach hingestellt. Wie weit entfernt liegt diese undifferenzierte Identifikation mit dem Staat etwa von Enzensbergers rücksichtsloser bitter-witziger Erklärung: „meine zwei länder und ich, wir sind geschiedene leute"!³⁹ Hier sehen wir ein augenscheinliches Beispiel der Dichtung im Dienste der Staatsraison. Was die Mauer betrifft:

> [...]
> Ich trage ein Schwert in der Hand
> Und setze den Fuß auf den Keil
>
> Ich habe die Mauer gebaut
> Die Deutschland von Deutschland trennt,
> Damit man dem Land vertraut,
> Das ihr meine Heimat nennt.
>
> Denn: Deutschland ist böse und gut
> Und: Deutschland ist schmutzig und rein.
> Dort, wo mein Vater ruht,
> Konnte sein Sohn nicht mehr sein.
>
> Er lebt nun in einem Land,
> Das Brot für die Friedlichen sät –

---

³⁸ *Deutsche Teilung*, S. 14.
³⁹ H. M. Enzensberger: *landessprache*, S. 12.

Und ist doch bitter dem verwandt,
Das in den Schrecken geht [...]⁴⁰

Jens Gerlach (geb. 1926): „An einen rumänischen Freund"

Triumphierend wird erklärt, dass man die Mauer selber gebaut habe, „damit man dem Land vertraut" werde: Die Mauer ist hier betont ein „antifaschistischer Schutzwall". In diesem Gedicht geht es um die neue Heimat. Neben diesem Gedicht findet sich eine Reihe von Gedichten, die sich intensiv mit der Heimat befassen.[41] Die Heimat wurde neu definiert: nicht mehr als der geographische Herkunftsort, von dem man stammt, sondern als der neue sozialistische Staat, an dem man weiter bauen sollte. Dem Begriff Staat wollten die Dichter anscheinend einen emotionalen Inhalt verschaffen, ihn mit Geborgenheit versehen – durch ihre Dichtung.[42] Der eigentliche Herkunftsort des Autors wird in diesem Gedicht hingegen einfach „dort, wo mein Vater ruht", genannt – ein „böser", „schmutziger" Teil. (Der Autor stammte aus Hamburg, übersiedelte 1956 in die DDR.)

Das Nachdenken über das Land oder den Staat geriet in der DDR fast direkt in die distanzierenden, trennenden Denkschemata des Kalten Krieges – gut und böse, Freund und Feind usw. – : Wer es etwa erfolgreich zur Revolution gebracht hat, ist immer „wir, nicht sie"! Oder: „Wir haben das halbe | Land frei für den Frieden."[43] – Dieses Diktum findet sich beim jungen Volker Braun, der sich bei allem schließlich doch als ein ungebrochener Kritiker erweisen sollte.

Ein solcher Stolz erhielt sich selbst in der Lyrik – nicht in der Politik – doch immer wieder durch ein Feindbild aufrecht: das des zwar verwandten, aber kapitalistischen Landes „drüben". „Das Land besessen | vom Gold, das im Gebiß des fremden Wolfes blitzt" (Kuba: „Düsseldorf"[44]). Selbst in höchst systemkritischen Augen, doch mit Recht bleibt ein Land anvisiert, in dem „der mensch | dem menschen | ein ellenbogen ist" (Reiner Kunze: „Düsseldorfer Impromptu"[45]), wo das herzlose kapitalistische Leistungsprinzip mit seiner grenzenlosen Konkurrenz herrscht. In dem Zusammenhang wurde z. B. Enzensbergers „landessprache" in der DDR positiv rezipiert, fand u.a. bei Volker Braun solidarische Unterstützung im Gedicht „in landessprache".

✳

Ob die Menschen in ihrem „besseren Land" auch glücklich waren? Unter so vielen Lobliedern lässt sich kaum Glück spüren; die „zwei Silben Sehnsucht – |

---

⁴⁰ *Deutsche Teilung*, S. 143.

⁴¹ Noch im Jahre 1984 war das Rahmenthema eines Hefts der namhaften Zeitschrift *ndl* „die Heimat".

⁴² Vgl. Gerhard Kluge: „Die deutsche Teilung im lyrischen Gedicht der DDR", in: *Die deutsche Teilung im Spiegel der Literatur*, hrsg. v. Karl Lamers, Stuttgart 1963, S. 28f.

⁴³ Volker Braun: *Wir und nicht sie*. In: ders., *Wir und nicht sie. Gedichte*. Frankfurt/Main 1970, S. 26.

⁴⁴ *Deutsche Teilung*, S. 153.

⁴⁵ Reiner Kunze: *sensible wege. gedichte*, Reinbek bei Hamburg 1969, S. 57.

Deutschland" (H. Cibulka, geb. 1920)[46] sprechen vielleicht den Leser mehr an. Dies gilt also schon den Gedichten der Generation, für die der Bruch mit dem Staat unvorstellbar war.

Die sog. zweite Autorengeneration der DDR erklärte, dass sie in ihrem „kleinen wärmenden Land" (Sarah Kirsch: „Fahrt II")[47] keine Geborgenheit mehr habe. Gefühlte Einengung und Entfremdung meldeten sich öfters, was in dem Bauern- und Arbeiterstaat eigentlich nicht geschehen durfte:

[...]
In diesem Land leben wir
wie Fremdlinge im eigenen Haus
    Durch die zugenagelten Fenster dringt nichts
    nicht wie gut das ist, wenn's draußen regnet
    noch die übertriebene Nachricht
    vom Sturm
In diesem Land leben wir wie Fremdlinge

In diesem Land leben wir
wie Fremdlinge im eigenen Haus
    Ausgebrannt sind die Öfen der Revolution
    früherer Feuer Asche liegt uns auf den Lippen
    kälter, immer kältre Kälten sinken in uns
Über uns ist hereingebrochen
    solcher Friede!
                solcher Friede
Solcher Friede.
                Wolf Biermann: „Das Hölderlin-Lied"[48]

Diese Generation fand endlich Mut und Anlässe, andere Meinungen als die offiziellen hervorzubringen und dieselben offen zu interpretieren. So kam sie auch zur tragischen Erkenntnis der Teilung des Landes – und dann dazu, diese Erkenntnis auszusprechen: „Schnitt, | Der Schnitt ins eigene Fleisch. | Der Schnitt durchs Land" (Bernd Jentzsch).[49] Bei Reiner Kunze (geb. 1933) wurde die Teilung des Landes von Anfang an zutiefst schmerzhaft empfunden:

DER VOGEL SCHMERZ

Nun bin ich dreißig jahre alt
und kenne Deutschland nicht:
Die grenzaxt fällt in Deutschlands wald

---

[46] Hans Cibulka: *Arioso. Gedichte*, Halle (Saale) 1962, S. 87.

[47] Sarah Kirsch: *Landesaufenthalt. Gedichte*, Berlin/ Weimar 1967, S. 6.

[48] Wolf Biermann: *Lied für einen Genossen. Hetzlieder, Gedichte, Balladen*, Berlin 1972, S. 19.

[49] Hans Christoph Buch (Hg.): *Tintenfisch Heft 15. Thema: Deutschland. Das Kind mit den zwei Köpfen*, Berlin: Klaus Wagenbach 1978, S. 14.

O land, das auseinanderbricht
im menschen ...

Und alle brücken treiben pfeilerlos.

Gedicht, steig auf, flieg himmelwärts!
Steig auf, gedicht, und sei
der vogel Schmerz.[50]

(1962)

Definitiv tragisch ist die Auffassung von der Grenze – nicht nur die eines Dreißig-
jährigen und nicht nur gleich nach dem Mauerbau. Die Berliner Mauer, die die bis
dahin noch offene Grenze endgültig schloss und in erster Linie zur Konsolidierung
eines neuen schwachen Staates gebaut wurde, und die sich um die ganze Stadt
Westberlin wie ein Fremdkörper zog und sie innerhalb des Hoheitsgebiets der
DDR isoliert hat, hat praktisch deren eigene Bürger eingesperrt, indem ihnen die
Ausreisemöglichkeit genommen wurde. Mit dem Nachdenken über die Situation
des Landes begibt man sich zur Grenze und stößt auf die Barriere:

SIEBZEHNJÄHRIG

> Wir sind jung
> die welt ist offen
> (lesebuchlied)

Horizont aus schlagbäumen

Verboten
der grenzüberschritt am bildschirm ein bild
von der welt sich zu machen es lebe
das weltbild

Bis ans ende der jugend

Und dann?[51]

(1969)

„Horizont aus Schlagbäumen" – dies wäre ‚ein' Bild, ein Bild von der gefühlten
Lage einer Generation und von einer politisch bedingten Sehnsucht. Durch die
Teilung des Landes im eigenen Land eingesperrt, wurde jugendliche Sehnsucht
nach der Ferne als Sehnsucht nach dem verbotenen Land konkretisiert. Das
zweite Gedicht ist nebenbei auch ein Dokument der Rolle des westlichen Fern-
sehens in der DDR. Die politische Grenze war enger als die Reichweite des Me-
diums Fernsehen. In dieser Situation teilte mit dem in der DDR verfemten Lyri-
ker Kunze seine Generation diese Sehnsucht, aber auch die nächste, die dritte

---

[50] *Deutsche Teilung*, S. 239f.
[51] Reiner Kunze: *zimmerlautstärke. gedichte*, Frankfurt/Main 1972, S. 19.

Autorengeneration dort, die unter gleichen Umständen in die DDR „hineingeboren" war.[52] „Hunger nach der Welt" war nicht nur einer Generation Merkmal:

### Hineingeboren

Hohes weites grünes Land,
zaundurchsetzte Ebene.
Roter
Sonnenbaum am Horizont.
Der Wind ist mein
und mein die Vögel.

Kleines grünes Land enges,
Stacheldrahtlandschaft.
Schwarzer
Baum neben mir.
Harter Wind
Fremde Vögel.[53]

Uwe Kolbe (geb. 1958)

„Zaundurchsetzte Ebene" – die eingeengte Lage wird vermittelt, und die so gefühlte Enge brachte eine Reihe von Dichtern hervor, die, ob gezwungen oder freiwillig oder freigekauft oder gar mit Visum, immer mit großer Entschiedenheit auszogen, um eine andere Welt kennen zu lernen – entscheidend seit der Ausbürgerung Wolf Biermanns (1976): von Ulrich Schacht bis Uwe Kolbe.

Selbst der energische scharfzüngige Biermann besang in vielen Liedern immer wieder traurig sein Unglück in dem „besseren Land". Stimmungsvoll und fast fromm schrieb er:

Es senkt das deutsche Dunkel
Sich über mein Gemüt
Es dunkelt übermächtig
In meinem Lied

Das kommt, weil ich mein Deutschland
So tief zerrissen seh
Ich lieg in der besseren Hälfte
Und habe doppelt Weh[54]

Und er sang weiter, manchmal keck, manchmal fromm, immer wieder Lieder über die Situation seines Landes oder seine Existenz. Schmerz und Trauer sprechen aus solchen Gedichten.

---

[52] Dieses grundlegende Konzept verdanke ich Wolfgang Emmerich: *Kleine Literaturgeschichte der DDR (1945-1995)*.

[53] Uwe Kolbe: *Hineingeboren. Gedichte 1975-1979*. Berlin und Weimar 1980/ Frankfurt/Main 1982, S. 46.

[54] Wolf Biermann: *Mit Marx- und Engelszungen. Gedichte, Balladen, Lieder*, Berlin 1968, S. 77.

Die von Brecht so sehr herbeigesehnte Situation der „Nachgeborenen"[55] schien also nicht glücklich zu sein. Das Thema Teilung des Landes wurde von den jüngeren Generationen mutig angesprochen. Es wurde immer wieder aufgegriffen, fast bis zur letzten Stunde.[56] In der BRD hingegen wurde das Thema Teilung hauptsächlich von Autoren, die aus dem Osten übergesiedelt waren, ab und zu behandelt. Denn das Thema Teilung des Landes brannte diesen praktisch, und zwar immer mehr, unter den Nägeln; das führte sie zum Nachdenken: „An das Leben geschmiegt loderte" dort „Philosophie"[57]: Reflexionen eines Volkes über sein durch die Politik geteiltes Land und seine stark davon geprägten Lebensbedingungen.

---

[55] „Wenn es aber so weit ist, | daß der Mensch dem Menschen ein Helfer ist, | denkt an uns mit Nachsicht." („An die Nachgeborenen").

[56] Beachtenswert in diesem Zusammenhang sind Volker Brauns Gedichtbände, wie *Langsamer knirschender Morgen* (1987) und *Die Zickzackbrücke* (1992).

[57] Volker Braun: „Berlinische Epigramme 162", in: Ders.: *Langsamer knirschender Morgen. Gedichte*, Frankfurt/Main 1987. Besonders beachtenswert ist der Zyklus der Epigramme, der aus 186 Distichen besteht – Goethe und Schillers *Xenien* bestehen aus 190 Distichen.

# 1. ›Preußischer Ikarus‹ vor/ hinter der Mauer
## Wolf Biermann

## 1.1. „Ballade vom Preußischen Ikarus"

1.
Da, wo die Friedrichstraße sacht
Den Schritt über das Wasser macht
    da hängt über der Spree
Die Weidendammerbrücke. Schön
Kannst du da Preußens Adler sehn
    wenn ich am Geländer steh

    dann steht da der preußische Ikarus
    mit grauen Flügeln aus Eisenguß
        dem tun seine Arme so weh
    er fliegt nicht weg – er stürzt nicht ab
    macht keinen Wind – und macht nicht schlapp
        am Geländer über der Spree

2.
Der Stacheldraht wächst langsam ein
Tief in die Haut, in Brust und Bein
    ins Hirn, in graue Zelln
Umgürtet mit dem Drahtverband
Ist unser Land ein Inselland
    umbrandet von bleiernen Welln

    da steht der preußische Ikarus
    mit grauen Flügeln aus Eisenguß
        dem tun seine Arme so weh
    er fliegt nicht weg und stürzt nicht ab
    macht keinen Wind und macht nicht schlapp
        am Geländer über der Spree

3.
Und wenn du wegwillst, mußt du gehn
Ich hab schon viele abhaun sehn
    aus unserm halben Land
Ich halt mich fest hier, bis mich kalt
Dieser verhaßte Vogel krallt
    und zerrt mich übern Rand

    dann bin ich der preußische Ikarus
    mit grauen Flügeln aus Eisenguß
        dann tun mir die Arme so weh

dann flieg ich hoch – dann stürz ich ab
mach bisschen Wind – dann mach ich schlapp
am Geländer über der Spree[58]

Das so vielgestaltete und umgestaltete Ikarus-Motiv gewinnt hier durch eine besondere politische Lage – die Teilung des Landes – erneut eine markante Prägung: Ikarus hier ist ein belasteter Vogel – zuerst die Flucht störend, dann aber selber auf einer misslingenden Flucht – und ausdrücklich der preußische Adler, aber auch derart durch die deutsche Teilung bedingt, dass er in den an sich kleinen, aber aus historischen Gründen bedingt unübergehbaren Fluss mitten in der geteilten Hauptstadt – in die Spree – stürzt.

In den mannigfaltigen Gestaltungen dieses bekannten Motivs liegt die Aufmerksamkeit meist auf dem Mut und der Entscheidung, mit der man etwas Unmögliches wagt, oder auf der Leichtfertigkeit, womit man eine Mahnung missachtet. Übermäßiger Höhenflug und der folgende Sturz stehen meist für die gefährliche künstlerische Fluglust und deren fatale Folgen. Hier bei Biermann wird daneben in erster Linie die relativ seltene Komponente der „Flucht" bedacht: Der Meister Dädalus soll einer mythischen Variante nach während seiner Gefangenschaft auf der Insel Kreta Adlerfedern gesammelt und sie mit Wachs zu Flügeln zusammengeklebt haben. Diese Flucht aus der Gefangenschaft ist in unserem Gedicht vorausgesetzt und in die Wirklichkeit des geteilten Landes umgesetzt.

Das Land des Dichters sei nun ein „Inselland", „[u]mgürtet mit dem Drahtverband" und „umbrandet von bleiernen Wellen". Mit „Flügeln aus Eisenguß" kann ein Vogel [der Adler] nicht auffliegen. (Diese Vorstellung ist von dem realen Adlerbild über der Spree, und zwar aus Eisenguss mitten im Geländer der Weidendammerbrücke, inspiriert.) Dieses Inselland heißt nicht Deutsche Demokratische Republik, deren Bürger Biermann war, sondern „Preußen", mit seiner Politik von Eisen und Blut. Und der mächtige „verhaßte" Adler-Ikarus „krallt | und zerrt mich übern Rand", der nicht weggehen will. Schließlich verwandelt sich das Ich in den Ikarus, der wegen der Schmerzen der von schweren Flügeln belasteten Arme zuletzt stürzt. Es geht seltsamerweise um das Eingesperrtsein und zugleich die Verstoßung mit einer fatalen Folge.

Auch die Position, die der Dichter hier einnimmt, ist dementsprechend und noch dazu persönlich bedingt einmalig. Die DDR war schon für den siebzehnjährigen Biermann seine Wahlheimat, zugunsten derer er seine Heimat im Westen, Hamburg, verließ. In seiner Wahlheimat wurde er mit seinem Auftritt am Lyrik-Abend 1962 schon zum Paradebeispiel für zu kritisierende Literatur, durch ein Auftrittsverbot bestraft.

---

[58] Wolf Biermann: *Preußischer Ikarus. Lieder, Balladen, Gedichte, Prosa*, Köln 1978, S. 103f.

Plätze für ihn, die er in Gedichten nennt, sind: „auf dem Stacheldraht der Berliner Mauer" („Ballade an François Villon"), „über der Spree" („Preußischer Ikarus"), „hinter Gittern" („Die Ermutigung"), vielleicht auch hinter der „Drahtharfe" (*Die Drahtharfe*, 1965).

Wolf Biermann vermochte die eigene Lage im geteilten Land in ein bekanntes mythisches Motiv mit eigener Prägung umzusetzen und diesem neue Frische zu verleihen und das Lied – als hätte er sein späteres Los vorausgeahnt – vor dem Publikum seines Kölner Konzerts (15. 11. 1976) leidenschaftlich zu singen. Nach dem Konzert wurde ihm, wie bekannt, von der DDR-Behörde die Ausbürgerung angekündigt, obwohl er der Einladung durch die IG-Metall mit der Zustimmung durch die DDR-Behörden, die ihm die Wiedereinreise zugesichert hatten, gefolgt war. Dieser Beschluss wurde begründet mit „staatsschädigenden Äußerungen während des Konzerts".[59]

Seine Ausbürgerung verursachte eine Reihe gesellschaftlicher Unruhen: eine landesweite Petition für ihn, Übersiedlung einer Reihe von Schriftstellern in die BRD. Seither stand er öfters – mit seinem nicht nachlassenden Engagement, auch in der BRD nicht weniger – im Brennpunkt.

Wolf Biermann lässt sich sicherlich als eine Symbolfigur der deutschen Teilung nennen: Kein anderer Dichter hat in diesem Zusammenhang so viel Aufmerksamkeit auf sich gezogen wie dieser provokante Liedermacher, der selber gedichtete und komponierte Lieder hemmungslos laut sang und singt.

### 1.2. Der eigenen Richtlinie folgend

Wolf Biermann, ein kritischer Dichter und auch Sänger und Komponist, stellt sich ausdrücklich in die Tradition von Bertolt Brecht, Heinrich Heine und François Villon.[60]

Polemisch, zynisch, sarkastisch, lustig, witzig, liedhaft bilden die Kategorie der Adjektive für die von ihm „gemachten" Lieder. Dafür spricht ein Beispiel seiner regelrecht politisch-polemischen Balladen viel mehr als die bestmögliche Erläuterung:

> Es war einmal ein Mann
> Der trat mit seinem Fuß
> Mit seinem nackten Fuß
> In einen Scheißhaufen.

---

[59] Vgl. Andreas M. Rheinhard: *Erläuterungen zu Wolf Biermann. Loblieder und Haßgesänge*, Hollfeld/ Obfr. 1977, S. 74.

[60] Sein Brecht-Bezug ist der direktere. Er besingt vor allem die Situation der „Nachgeborenen", für die Brecht eine Gesellschaft wünschte, in der „der Mensch dem Menschen Helfer wird", während er noch „das Land öfter als die Schuhe" wechselte („An die Nachgeborenen"). In dem Realsozialismus, in dem „der Mensch dem Menschen ein Wolf" geworden ist, ist die von dem Instrument der Machtpolitik verursachte Verödung der Menschen nach Biermann so zugespitzt, dass er sich in seinem eigenen Haus spukend vorfand („Brecht, deine Nachgeborenen").

Er ekelte sich sehr
Vor seinem einen Fuß
Er wollte mit diesem Fuß
Kein Stück mehr weiter gehn.

Und Wasser war nicht da
Zu waschen seinen Fuß
Für seinen einen Fuß
War auch kein Wasser da.

Da nahm der Mann sein Beil
Und hackte ab den Fuß
Den Fuß hackte er ab
In Eil mit seinem Beil.

Die Eile war zu groß
Er hat den saubern Fuß
Er hat den falschen Fuß
in Eile abgehackt.

Da kriegte er die Wut
Und faßte den Entschluß
Auch noch den anderen Fuß
Zu hacken mit dem Beil.

Die Füße lagen da
Die Füße wurden kalt
Davor saß kreideweiß
Der Mann auf seinem Steiß.

Es hackte die Partei
Sich ab so manchen Fuß
So manchen guten Fuß
Abhackte die Partei.

Jedoch im Unterschied
Zu jenem obigen Mann
Wächst der Partei manchmal
Der Fuß auch wieder an.[61]

Die eigentliche Brisanz des politischen Inhalts wird in Form der Ballade humoristisch vermittelt. Der einfache, volkstümliche Wortschatz – noch in den Volksliedstrophen – entspricht in gewisser Hinsicht der Norm des sozialistischen Realismus. Die Ballade mit solch einer Prägung dient aber bei Biermann oft zur scharfen Systemkritik. (Alte Methoden werden zeitgemäß aktualisiert, und zwar

---

[61] Wolf Biermann: *Die Drahtharfe. Balladen, Gedichte, Lieder*, Berlin 1965, S. 73f.

angesichts der neuen Probleme und im Hinblick auf die reale gesellschaftliche Situation.) Sein polemischer Ton richtet sich undifferenziert gegen das System:

> Manchen hör ich bitter sagen
> „Sozialismus – schön und gut
> Aber was man uns hier aufsetzt
> Das ist der falsche Hut!"
> Manchen seh ich Fäuste ballen
> In der tiefen Manteltasche
> Kalte Kippen auf den Lippen
> Und in den Herzen Asche
> — „Warte nicht auf beßre Zeiten" [62]

Kein Wunder, dass eine solche Negation des Sozialismus in einem betont sozialistischen Land nicht auf Dauer geduldet wurde. Seine Kritik richtet sich nicht nur auf das Land, in dem er lebt, und der Gedanke an das System beschränkte sich nicht auf ein System; er erweitert sich auf Systeme, besonders die beiden innerhalb Deutschlands. Ein solcher Gedanke läuft oft – nicht nur bei Biermann – auf den Vergleich von Ost und West hinaus:

> Die deutschen Exkremente sind
> Daß es uns nicht geniert
> In Westdeutschland mit deutschem Fleiß
> Poliert und parfümiert
>
> Was nie ein Alchimist erreicht
> Sie haben es geschafft
> Aus deutscher Scheiße haben sie
> Sich hartes Gold gemacht
>
> Die DDR, mein Vaterland
> Ist sauber immerhin
> Die Wiederkehr der Nazizeit
> Ist absolut nicht drin
>
> So gründlich haben wir geschrubbt
> Mit Stalins hartem Besen
> Daß rot verschrammt der Hintern ist
> Der vorher braun gewesen[63]

Aberwitzig wird hier gegenübergestellt: der korrumpierte Kapitalismus im Westen dem abwesenden Nationalsozialismus im Osten – oder: der Kapitalismus der (übermäßig) erfolgreich bewältigten Vergangenheit im entlasteten, aber verarmten Staat. Noch kürzer: Kapitalismus contra Sozialismus auf deutschem Boden. Dieses ideologische Raster wird durch Umsetzung in Metapher und durch den

---

[62] Ebd., S. 65.
[63] Wolf Biermann: *Deutschland. Ein Wintermärchen*, Berlin 1972, S. 6f.

Witz schlagartig überwunden: Dem „harte[n] Gold" aus Kot (Westen) steht nun „[m]it Stalins hartem Besen | rot verschrammter Hintern" (Osten) humoristisch gegenüber.

Die Farbe Braun am Schluss steht natürlich für die anfängliche übergroße Belastung der beiden jungen deutschen Republiken: die nationalsozialistische Vergangenheit. Die eine Republik schöpfte dabei aus deren erfolgreicher Bekämpfung ihren Nationalstolz, während es bei der anderen in erster Linie um den wirtschaftlichen Aufbau aus den Trümmern ging, und zwar im Anschluss an den Kapitalismus der westlichen Großmächte. Auch diese ernsten Kernprobleme der (auf der einen Seite übermäßigen, als Propaganda betriebenen, auf der anderen Seite nicht ausreichend geleisteten) Vergangenheitsbewältigung werden umrissen. Die eigentliche Spannung in einer systembezogen hochpolitischen Angelegenheit wird hier aber durch die gleiche gelungene Umsetzung in eine dichterische Metapher bewältigt.

Dieses Gedicht ist übrigens ein poetischer Ertrag der deutsch-deutschen Reise, die Wolf Biermann zwölf Jahre nach seinem Übergang in den Osten in seine Heimat Hamburg unternommen hat – wie einst Heinrich Heine aus Paris. Die Eindrücke von dieser Reise haben sich nach dem Muster seines großen Vorgängers geprägt und sind in einem Band mit demselben Titel gesammelt: *Deutschland. Ein Wintermärchen* (1972). Damit erklärt Biermann definitiv, in welcher Tradition er stehen will.

## 1.3. Wellen schlagend

Von seinem politischen Bewusstsein ausgehend und stets aufgrund dessen verknüpft sich bei Biermann seine eigenartig herausfordernde Polemik mit lyrischen Tönen. Diese Vertonung, im Zusammenspiel mit seiner Musik, bildet seine eigene Welt. Um über seine Kunst mit seinen eigenen Worten zu reden: „Ich gehe von der politischen Leidenschaft zur Kunst. Die Kunst ist die Form, in der ich mich effektiv (und) politisch ausdrücken kann."[64]

Dies wurde schon mit dem Titel seines Debüt-Bands *Drahtharfe* (1965) angesagt. Das Liedhafte kann in einem solchen Fall aber nicht nur naiv volkstümlich, sondern polemisch, sogar kämpferisch sein. Und der zweite Band *Mit Marx- und Engelszungen* (1968) veranschaulicht, worauf diese „Lieder" beruhen: Von Anfang an meldet sich ein überzeugter Sozialist. Behaglichkeit oder Anmut sind hier deshalb nicht zu erwarten. Ein lyrischer Ton fehlt jedoch nicht.

[...]
Du, laß dich nicht verhärten
In dieser harten Zeit
Die all zu hart sind, brechen
Die all zu hart sind, stechen
Und brechen ab sogleich

---

[64] Wolf Biermann: *Wie man Verse macht und Lieder. Eine Poetik in acht Gängen*. Köln 1997, S. 20.

Du, laß dich nicht verbittern
In dieser bittren Zeit
Die Herrschenden erzittern
– sitzt du erst hinter Gittern –
Doch nicht vor deinem Leid
       – „Ermutigung"[65]

Selbst wenn als Rezept die Heiterkeit bereitsteht, lässt sich doch eine gewisse Entsagung und somit Innerlichkeit spüren. Auch der musikalische Ton ist auffällig gesenkt[66] und für Biermanns Verhältnisse melodischer geworden. Im Ganzen ist das Lied relativ introvertiert gestimmt. Mit diesem lyrischen Ton wie mit einem gewissen Flor des Privaten ist das Gedicht aber auch hoch politisch. Biermann schrieb es, als er bei Peter Huchel für kurze Zeit ‚Asyl' gefunden hatte, und widmete es diesem, der seinerseits unter Hausarrest stand. – Vielen Kritikern ist die Nähe zu Brechts Gedicht „Gegen Verführung" aufgefallen, das zwischen der „Legende vom toten Soldaten" und „Vom armen B. B." steht. Brechts vier Strophen sind ein „carpe-diem-Aufruf".[67] Bei Biermann steht es viel „persönlicher". – Auf alle Fälle handelt es sich um „eine Solidaritätserklärung des Jüngeren".[68]

Auch ansonsten gehen zwei Aspekte – Politik und das Private – bei Biermann undifferenziert und konfliktlos ineinander. Um es mit Biermann selber zuzuspitzen:

> Ich wollte mit meinen Versen immer beides: ins Bett meiner Liebsten und auf die Straße ins politische Getümmel. Streicheln und totschlagen. Tändeln unterm Rosenstrauch und treffen im Gemetzel. Ich wollte mit meinen Liedern immer zärtlich ins Herz meiner Freunde und mörderisch ins Herz meiner Feinde.[69]

Diese eigenartig konsequente kämpferische Haltung ist ein Spezifikum seiner Lyrik, wäre aber gewissermaßen eines der Lyrik aus der DDR. (Ein Enzensberger etwa blieb nicht so konsequent in seinem engagierten Stil.) Gegen die Propagandasprache entwickelt sich die Lyrik in der DDR anscheinend vorrangig in Richtung Provokation. Und in der Lyrik dort hörte die Propagandasprache nie auf, laut den Ton anzugeben. Auch Strategien wie die Solidarität dagegen gab es immer. Polemik und Poesie sind also bei Biermann aus vielen Gründen untrennbar. Und er selbst bleibt stets – konfliktlos und ungeachtet aller möglichen Beurteilungen – irgendwo dazwischen.

✳

---

[65] Ebd., S. 61.

[66] Vgl. hierzu Biermanns eigene handschriftliche Fußnote zu der Musiknote auf der Seite neben dem Text: „Die letzte Strophe wird etwas höher, in d-Moll, gesungen."

[67] Jay Rosellini: *Wolf Biermann*, München 1992, S. 56.

[68] Andreas M. Rheinhard: a.a.O., S. 55.

[69] Wolf Biermann: *Wie man Verse macht und Lieder. Eine Poetik in acht Gängen*, Köln 1997, S. 13.

25 Jahre später schrieb Biermann. „Keine DDR konnte kippen, weil sie irgendeinem Mann mit Gitarre ins deutsche Exil jagt. Was Deutschland damals erschüttert hat, am meisten die DDR selbst, war der Protest gegen diese Ausbürgerung."[70]

Seine Ausbürgerung, welche große Solidarität unter Kollegen in der DDR, eine Petition und den „Exodus" der Autoren und Intellektuellen auslöste und schon längst vor dem Mauerfall viel von der (unsichtbaren) Grenze abgebaut hat, ist ein Paradebeispiel für die mögliche Konstellation Politik contra Poesie wie auch für deren Bewältigung durch die Poesie, aber auch ein Fall, der von der Macht (und Leistung) der poetischen Sprache zeugt.

---

[70] Matusseks Kulturtipp: „Drachentöter Biermann." http://www.spiegel.de/video/video-13957.html

# 2. DIE MAUER: „eure Schande" – „unsre Schande"
Volker Braun

## 2.1. Ansichten der Mauer

DIE MAUER

1
Zwischen den seltsamen Städten, die den gleichen
Namen haben, zwischen vielem Beton
Eisen, Draht, Rauch, den Schüssen
Der Motore: in des seltsamen Lands
Wundermal steht aus all dem
Ein Bau, zwischen den Wundern
Auffallend, im erstaunlichen Land
Ausland. Gewöhnt
An hängende Brücken und Stahltürme
Und was noch an die Grenze geht
Von Material und Maschinen, faßt
Der Blick doch nicht
Das hier.

Zwischen all den Rätseln: das ist
Fast ihre Lösung. Schrecklich
Hält sie, steinerne Grenze,
Auf was keine Grenze
Kennt: den Krieg. Und sie hält
Im friedlichen Land, denn es muß stark sein
Nicht arm, die abhaun zu den Wölfen
Die Lämmer. Vor den Kopf
Stößt sie, daß gehen soll wohin es will, nicht
In die Massengräber, das
Volk der Denker.

Aber das mich so hält, das halbe
Land, das sich geändert hat mit mir, jetzt
Ist es sicher, aber
Ändre ich's noch? Von dem Panzer
Gedeckt, freut sichs
Seiner Ruhe, fast ruhig? Schwer
Aus den Gewehren fallen die Schüsse:
Auf die, die es anders besser
Halten könnte. *Die Mauern stehn*
*Sprachlos und kalt, im Winde*
*Klirren die Fahnen.*

42

2
Die hinter den Zeitungen
Anbellen den Beton und, besengt
Von den Sendern, sich aus dem Staub machen
Der Baustellen oder am Stacheldraht
Unter Brüdern harfen und
Unter den Kirchen scharrn Tunnel: die
Blinden Hühner finden sich
Vor Kimme und Korn. Unerfindlich
Aber ist ihnen, was diese Städte
Trennt. Weil das nicht
Aus Beton vor der Stirn pappt.
Uns trennt keine Mauer.

Das ist Dreck aus Beton, schafft
Das dann weg, mit Schneidbrennern
Reißt das klein, mit Brecheisen
Legts ins Gras: wenn sie nicht mehr
Abhaun mit ihrer Haut zum Markt
Zerhaut den Verhau. Wenn machtlos sind
Die noch Grenzen ändern wollen
Zerbrecht die Grenze. Der letzte Panzer
Zerdrück sie und sie ihn
Daß sie weg ist.

Jetzt laßt das da.

3
Aber
Ich sag: es steht durch die Stadt
Unstattlich, der Baukunst langer Unbau
Streicht das schwarz
Die Brandmauer (scheißt drauf).

Denn es ist nicht
Unsre Schande: zeigt sie.
Macht nicht in einem August
Einen Garten daraus, wälzt den Dreck nicht
Zu Beeten breit, mit Lilien über den Minen
Pflanzt Nesseln, nicht Nelken
Vermehrt nicht, zwischen den seltsamen Städten, die Rätsel, krachend
Schmückt das Land nicht
Mit seiner Not. Und
Laßt nicht das Gras wachsen
Über der offenen Schande: es ist
Nicht unsre, zeigt sie.[71]

---

[71] Volker Braun: *Wir und nicht sie. Gedichte*, Halle (Saale) 1970, S. 47ff.

Trotz der Länge ist dieses Gedicht aus zwei Gründen vollständig zitiert: weil es die Berliner Mauer sehr eingehend thematisiert und weil es im langen Text eben den schwierigen Prozess der Erkenntnis widerspiegelt. Diese schwebt hin und her, und zwar übergangslos zwischen dem „antifaschistischen Schutzwall" und der „Schandmauer". Lyrisch ist das Gedicht bei weitem nicht.

Die Aussagen sind nicht eindeutig. Das politisch sensible Thema wird bald berührt, bald umgangen: Eine einmal bezogene Position wird immer wieder zurückgenommen oder revidiert. Deutlich zu spüren sind ein gespaltenes Denken und eine hemmende (Kontroll-)Instanz im Bewusstsein, die einem den Gang zur neutralen Erkenntnis erschwert. Sichtbar ist die Diskrepanz in den Ansichten vom Osten und den vom Westen sowie das weite Feld für diesen Zickzackgang des Bewusstseins.

Das Gedicht ist in drei Teile geteilt: Im ersten geht es um die verschiedenen Ansichten der Mauer, im zweiten um die Kritik aus unterschiedlicher Perspektive und im dritten um die Schlussfolgerung.

Teil 1: Die dargestellte Szenerie der geteilten Stadt Berlin ist zuerst bedrohlich: „Beton Eisen, Draht, Rauch, die Schüsse der Motore". Die Mauer wird dann ohne weiteres „ein Bau" im „Wundermal", „ein Bau zwischen den Wundern" genannt. Das „Wundermal" „zwischen den Wundern"[72] weist natürlich auf zwei Systeme hin – sowohl in der Politik als auch in der Wirtschaft (Wirtschaftswunder!). Damit wird die befremdende Existenz zweier Deutschlands deutlich, von denen jedes eine verhärtete Front im Kalten Krieg vertritt und somit schließlich, vom anderen Deutschland aus gesehen, wie ein „Ausland" aussieht. Wegen seiner klanglichen Nähe zu Wundmal erinnert das „Wundermal" aber auch an eine Reihe völlig anderer Wörter: „Stigma", „Narbe", „Schmerz".

Die Mauer soll dann „fast [...] Lösung" sein. Braun vertritt hier zwar die offizielle Einstellung (die Mauer als eine Maßnahme der gelungenen Krisenbewältigung); durch ein Adverb („fast") relativiert er zugleich dieselbe. Die Mauer soll dem Krieg vorbeugen. Sie halte zugleich die Leute, die in den Westen gehen wollen, (auf) – im doppelten Sinne des Wortes „halten": Leute halten, Tiere halten, aber natürlich Leute zurückhalten, Tiere festhalten. – Ein Resümee der von der DDR zugewiesenen Funktion der Mauer.

Die Position, die der Autor hier im ersten Teil einnimmt, ist im Grunde die offizielle der DDR, deren Meinung nach nun die Grenze gesichert ist; denn die Flüchtlinge seien „Lämmer", die „abhauen zu den Wölfen"; sie gehen in die „Massengräber", lassen sich anwerben, und die Mauer schütze sie vor Gefahr und Dummheit. Hier rät der Dichter ihnen also linientreu davon ab, in den Westen zu gehen, weil die DDR „die bessere Hälfte" sei, wo das „Volk der Denker" sie-

---

[72] Zwischen dem Wirtschaftswunder im Westen, dem „Wunder des Rheins", und dem „Wunderland" DDR, wie es in dem bekannten Liedtext J. R. Bechers heißt: „Es soll nunmehr ein Lied gesungen werden, | Das Kunde bringt von einer neuen Zeit. | [...] | Wo ist das Land, das Wunderland gelegen? | [...] | In unserm Herzen liegt's, in unsrer Hand".

delt. So weit ist es völlig orthodox – außer der einzigen Relativierung durch das eine Wort „fast".

In der dritten Strophe wechselt dann der Ton. Die Mauer soll nicht nur die dummen „Lämmer" halten, sondern auch *„mich"*, das lyrische Ich. Nach den parteilichen Verlautbarungen ist die Staatgrenze gesichert, und die Mauer sollte der Konsolidierung der DDR-Gesellschaft dienen. Sie sperrt in der Tat aber die Bürger ein und nimmt diesen vor allem die Bereitschaft, ihren sozialistischen Staat – (mit Stolz) zu verändern, zu verbessern – mitzugestalten. Sie kommen zum Bruch mit dem Staat und fühlen sich nicht mehr geborgen. Die gefühlte Geborgenheit verschwindet, und der feste Glaube, dass man an der Veränderung, der Verbesserung der Gesellschaft, beteiligt ist, wird entscheidend erschüttert: „Ändere ich's noch?" Angesichts der brutalen Sanktionen gegen die Flüchtlinge: „Aus den Gewehren fallen die Schüsse | Auf die, die es anders besser | Halten könnte."

Das abschließende Hölderlin-Zitat – *Die Mauern stehn | Sprachlos und kalt, im Winde | Klirren die Fahnen.* – steht nicht für die „Hälfte des Lebens" und bekundet nicht die dichterische Ahnung von dem einbrechenden geistigen Dunkel, sondern für ein in zwei Hälften geteiltes Land und die Ratlosigkeit der Einzelnen, die man vor der Mauer fühlt. So wird die Teilung des Landes allmählich – von der parteilichen Linie abweichend – als eine Tragödie verstanden.

Teil 2: Die heterogenen Einstellungen werden im zweiten Teil zugespitzt: heftige Kritik aus östlicher Position und tragische Auffassung von der Mauer. Es beginnt mit einer aggressiven Kritik, die bald gegen die Westpresse, besonders gegen den Axel-Springer-Medienkonzern, dessen Hauptquartier sich in nächster Nähe der Mauer befand, gegen die Dissidenten, bald gegen die westlichen Fluchthelfer und östlichen Flüchtlinge gerichtet ist: Flüchtlingshelfer mit ihrer Aktion, z.B. dem „Tunnel 57" (– eine Rettungsaktion!)[73] und gegen die Flüchtlinge, die „blinden Hühner" vor dem geladenen Gewehr. Das Schlusswort dieses Teils [der ersten Hälfte der zweiten Strophe] ist nicht fundiert; es fehlt an der Konsequenz: „Uns trennt keine Mauer."

Gleich darauf in der anderen Hälfte des Teils wird behauptet, dass die Mauer „Dreck aus Beton" sei, der abgeschafft werden sollte. Die darauf folgenden starken Imperative sind konkrete Anweisungen, etwa wohin die Mauer soll: „schafft | Das dann weg, mit Schneidbrennern | Reißt das klein, mit Brecheisen | Legts ins Gras." Auch die Bedingungen werden genannt: die Leute sollen nicht mehr in den Westen gehen, und die westlichen Mächte sollten auf ihre Aggressivität verzichten. Diese Voraussetzungen klingen utopisch; was verlangt wird, ist nämlich ein endgültiger Verzicht auf die Macht: „Der letzte Panzer | Zerdrück sie und sie ihn." Der allerletzte Satz dieses Teils, eine Strophe, lautet aber wieder:

---

[73] Eine Gruppe Westberliner Studenten grub an der Mauer einen Tunnel, durch den 57 DDR-Flüchtlinge gerettet wurden. Und es gab mehrere ähnliche Beispiele: Tunnel 22, Tunnel 29 usw.

„Jetzt laßt das da." – Eine Anerkennung des status quo. Die Mauer hier ist näm-lich nicht erfreulich, gilt aber doch als notwendig.

Teil 3: Im dritten Teil wird die Realität der Mauer schließlich – ziemlich homogen – als hässlich dargestellt: „Langer Unbau, Brandmauer." Stark und grob ist die Sprache. Erst danach kommt letzten Endes die Erkenntnis: dass die Mauer eine „Schande" ist, die nicht vergessen werden darf; es sollte nämlich nicht „das Gras wachsen" wie über einem Grab. Die Mauer heißt schließlich „of-fene Schande", aber „nicht unsre": eine „welthistorische" „Schande", aber auch „unsere Wunde" – nicht bloß „eure" Schande also. Somit wird die Realität, die bewältigt werden muss, vorgestellt.

✷

An diesem Zickzackgang, an dem langen, schwerfälligen Gedankengang bis zu diesem Schluss, lässt sich die Schwierigkeit ablesen, womit man sich, von ei-ner eingeflößten Idee befreit, eine andere (vielleicht sachlichere) Perspektive an-eignet und diese gar ausdrückt. Zum Vergleich wäre Uwe Johnsons Erzählung *Zwei Ansichten* (1965) heranzuziehen, die die trennende Mauer nicht nur thema-tisiert, sondern in – unüberschaubar nach Ost und West – getrennten Perspekti-ven auch erzählerisch widerspiegelt. Geschrieben im November 1965, wurde Brauns Gedicht zuerst 1966 in der westlichen Zeitschrift *Kursbuch*, dann 1976 in der DDR im Band *Wir und nicht sie. Gedichte* und schließlich 1980 bei Suhrkamp nochmals veröffentlicht. Die hier auch sprachlich widergespiegelte Schwierigkeit mit der Erkenntnis hat anscheinend nicht nur mit der Sichtgrenze des Einzelnen wie der Toleranzgrenze der Gesellschaft zu tun, in der der Dichter lebt, sondern sie hängt gewissermaßen auch von der Möglichkeit ab, in beiden deutschen Staa-ten zu publizieren, und damit von der Notwendigkeit, sich auf das jeweilige Pu-blikum einzustellen, ohne mit der Gesellschaft zu brechen.[74]

In dem Zusammenhang ist eine Differenz zwischen zwei Fassungen erwäh-nenswert. In der hier zitierten Version heißt es: „Laßt nicht das Gras wachsen | über der offenen Schande: es ist | Nicht **unsere**, zeigt sie." In der früheren Fas-sung lauteten dieselben Verse aber anders: „Laßt nicht das Gras wachsen | über der offenen Schande: es ist | Nicht **eure**, zeigt sie."[75] Auch der Gedichttitel war anders: „Die Grenze." Der große Unterschied zwischen „eure Schande" und „unsere Schande" ist bemerkenswert: Die Bezeichnung „Schande" stammt vom Westen. Wenn es ausdrücklich um „eure" Schande geht, wenn es noch dazu ins-gesamt um die „Grenze" geht, ist die Abgrenzung offensichtlich. „[U]nsere Schande" weist hingegen auf die erheblich erweiterte Wahrnehmung. Nun geht es um eine durch die „Mauer" geteilte Gemeinschaft.

In der allerletzten Strophe fordert das Gedicht mit einer Häufung von Im-perativen – „[m]acht", „wälzt", „[p]flanzt", „[v]ermehrt", „[s]chmückt",

---

[74] Nach der Veröffentlichung des Gedichts durfte der Autor jedoch zwei Jahre nicht in den Westen reisen. Die Einladung zur Tagung der Gruppe 47 in Lahti wurde ihm z.B. erst Wo-chen nach dem Termin zugestellt.

[75] Volker Braun: *Gedichte*, Leipzig 1972, S. 49. Mit meinen Hervorhebungen.

„[l]äßt" – zur Mahnung auf. Auch auf diese Weise gibt sich das Gedicht empha-
tisch als eine Erinnerungsarbeit zu erkennen. Es zeigt, wie schwer ein Einzelner
in der DDR damit konfrontiert wurde. Darüber hinaus zeugt es davon, wie
schwierig man zu sachlichen Erkenntnissen kam, Orientierung fand und das alles
ausdrücken konnte: Es geht schließlich um ein „Training des aufrechten Gangs",
ein hartes und deshalb beachtenswertes. Das Gedicht zeigt – jenseits der Bewer-
tung der dichterischen Leistungen – vor allem, wie intensiv sich der Autor mit
dem Thema befasste, wie sehr ihn das Thema betraf.[76]

## 2.2. Volker Braun und seine Generation

Volker Braun gilt als Vertreter der zweiten Generation der DDR, die bei aller
Kritik am Ideal des Sozialismus festhielt – mit seinem revolutionären Pathos und
mit seinem ungebeugten Bemühen um den aufrechten Gang in einem sozialisti-
schen Staat, der sich dann als kurzlebig herausstellte. Seine Lyrik wird daher so-
gar als „eine besondere Form der Landeskunde" geschätzt, liefert uns literarische
Dokumentationen aus erster Hand – uns stark zum Nachdenken herausfordernd.

Für Volker Brauns anfängliche und grundlegende Haltung spricht ein zwei-
zeiliges Gedicht wohl mehr als alle anderen:

**Morgendämmerung**

Jeder Schritt, den ich noch tu,
       reißt mich auf.[77]

Was hiermit bekundet wird, ist schöne Ungeduld und leidenschaftlicher Wille.
Richtete sich so etwas sozialistisch auf die eigene Gesellschaft, so wäre es die Be-
reitschaft, zu ihr beizutragen und sie mitzugestalten. Dies aber setzt die Identifi-
zierung mit der Gesellschaft voraus.

Eben diese Identifizierung geht mit dem Zeitverlauf verloren, anscheinend
parallel zu dem Maße, in dem der Staat sich in ein Überwachungssystem verwan-
delte, ohne sein sozialistisches Ideal realisieren zu können. Die Erstarrung hat
Braun wie folgt ins Bild gesetzt:

DAS LEHEN

Ich bleib im Lande und nähre mich im Osten
Mit meinen Sprüchen, die mich den Kragen kosten
In anderer Zeit: noch bin ich auf dem Posten.
In Wohnungen, geliehen vom Magistrat
Und aß mich satt, wie ihr, an der Silage.
Und werde nicht froh in meiner Chefetage
Die Bleibe, die ich suche, ist kein Staat.
Mit zehn Geboten und mit Eisendraht:

---

[76] Vergleichbar wären wie erwähnt Uwe Johnsons Erzählung *Zwei Ansichten* sowie sein
Roman *Mutmaßungen über Jakob*.
[77] Volker Braun: *Gedichte*, a.a.O., S. 110 und *Gegen die symmetrische Welt. Gedichte*, Hal-
le/ Leipzig 1972, S. 22.

Sähe ich Brüder und keine Lemuren.
Wie komm ich durch den Winter der Strukturen.
Partei mein Fürst: *sie hat uns alles gegeben*
Und alles ist noch nicht das Leben.
Das Lehen, das ich brauch, wird nicht vergeben.[78]

Die kunstvolle Gegenüberstellung der Partei und des Ich in einer mittelalterlichen Einkleidung[79] – der alles gebende Fürst und ein Vasall – macht den innerlich erlebten Bruch mit dem Staat deutlich. Die Kritik ist nun eindeutig. Es wird erklärt, dass das Ich nichts erhalten habe, was es wirklich braucht, obwohl die Partei emphatisch darauf besteht, ihm alles gegeben zu haben. „Winter der Strukturen" ist aussagekräftig als Metapher für die Erstarrtheit des Systems. Dahinter schillern nicht nur die einengende Bürokratie, sondern auch die immer noch zu suchende Utopie und der immer noch nicht gefundene Sinn des Lebens. Kunstvoll gereimte Wörter stehen als unterstützende Details: die „Strukturen" etwa sind gereimt auf „Lemuren", wodurch das Fehlen am gewünschten „Leben" fast expressionistisch hervorgehoben wird. „Staat" ist direkt auf „Draht" gereimt. Die Nahrung seines schließlich unzufriedenen Bürgers, eines „Chefetage"-Bewohners, ist somit „Silage". Am Ende bleibt das Bild(nis) eines zwar verzweifelten, doch ungebrochenen Sozialisten.

Der Kritik fehlt zwar nicht ein gewisser Witz, aber der Ton ist im Ganzen von den offiziellen Verlautbarungen weit entfernt, aber auch davon, was traditionell als lyrisch gilt. Darin lassen sich jedenfalls Züge der Gedankenlyrik sehen.

Bewältigte er noch mit Stolz – *Wir und nicht sie* (1976) – die geteilte Welt, so spitzt sich dieses Gedicht später zu: im tiefen Bewusstsein von der „symmetrischen Welt" (*Symmetrische Welt*, 1980) eben dagegen. Der Gedanke über die Mauer ist bei ihm dementsprechend immer wieder intensiv: „[Z]wei Länder | Kleben mir an den Sohlen […] | Hier wächst das Salz, dort der Pfeffer | Für mein klaffendes Herz." So sah sein „[d]oppelter Befund"[80] für ihn aus.

## 2.3. „Berlinische Epigramme"

Die Grundlage seiner Gedichte ist bei allem das anfängliche Ideal vom Kollektiv, ein „utopischer Realismus". Die Gedichte verraten immer mehr Enttäuschung und Ungeduld. Was im Gedichtband *Langsamer knirschender Morgen* (1987) dann vorherrscht, sind fast wörtlich „knirschende" Töne und gemischte Gefühle. Reflexionen über die Mauer, wie sie in dem Zyklus „Berlinische Epigramme" enthalten sind, behandeln das Thema intensiv und konzentriert. In dem genannten Ton zeigt dieser Zyklus eine sachliche Erkenntnis, die somit als eine lyrische Diagnose des status quo der Berliner Mauer zu der Zeit – kurz vor ihrem endgültigen Fall – dienen kann.

---

[78] Volker Braun: *Langsamer knirschender Morgen. Gedichte*, Frankfurt/Main 1987, S. 49.

[79] Hier liegt ein Bezug auf ein berühmtes Gedicht Walther von der Vogelweides vor: „Ich han min Lehen".

[80] Volker Braun: *Wir und nicht sie. Gedichte*, Halle (Saale) 1970, S. 43.

Die „Berlinischen Epigramme" bestehen aus 186 Distichen. Dem Titel entsprechend in Form eines Epigramms ist in jedem Distichon der Zeitgeist kondensiert widergespiegelt. An dem befremdend archaisierenden Titel lässt sich das Konzept spüren. Die bekanntesten Vorgänger-Meister dieser Form waren ja Goethe und Schiller mit ihren *Xenien* (1797). Die bei Braun lose aneinandergereihten Distichen, ungefähr in der gleichen Anzahl wie in den *Xenien*, die kleine Form in ihrer eigenen Tugend der Nadelspitzenschärfe, umfassen thematisch – in der Hauptsache – den Vergleich der beiden Deutschland sowie die Reflexionen über die Teilung. Zur Position in einem geteilten Land schreibt er:

> Dicht an der Mauer mein Bett, so lieg ich inmitten der Welten
> Träume mich in Niemands Land, trete in jedermanns Tür. (3)[81]

Die seltsame Bedingung, in einem geteilten Land zu leben, bleibt stets im Bewusstsein, und dieses geht dabei durch ein hartes Training:

> Früh das ND, abends TAGESSCHAU – von zwei Seiten berieselt
> Nie war ein Volk trainiert so und gelenkig im Kopf. (35)

Die einmalige Situation der DDR-Bürger hat vermutlich nirgends sonst eine so pikante Formulierung gefunden: Dieses seltsame Befinden zwischen zwei Welten, ausgesetzt der Ideologie des Parteiorgans, und zugleich der starke Reiz der westlichen Medien, von dem praktisch nur diejenigen im „Tal der Ahnungslosen", die wenigen hinter Dresden und außerhalb der Tragweite der Westwellen, ausgespart blieben. Dies fordert natürlich das Bewusstsein auf. Schon früher: „Feudalismus weißgott war bequemer, man musste sich eben | fügen; aber schon da wurde Bewußtsein verlangt." (36) Obwohl die Bürger auf diese Weise auf die Dauer „aufgeklärt" werden, verlangt der erstarrte, stagnierende Staat von seinen Bürgern nach wie vor, dass sie in seinem Sicherheitsnetz geborgen bleiben sollten. Die Diagnose der eigenen Gesellschaft geht mit einher:

> *Umbaun von unten bis oben,* und aus dieser Stadt kann was werden.
> Engels, so zynisch er war, folgen wir ihm doch aufs Wort. (17)

> Nun hat die andere Zeit, die neue, endlich begonnen.
> Freilich, und sie begann mit dem Befehl Nr. 1. (32)

> Seht, es wird Großes vollbracht und unser Leben verändert
> In der kürzesten Frist! In der das Leben vergeht. (34)

Das verordnete sozialistische Ideal funktioniert nicht. Selbst die „neue Zeit" soll hier „mit dem Befehl", und zwar mit der „Nr. 1", beginnen. Es bleibt eine uniforme, konforme Gesellschaft. Befehle für ein besseres Leben haben schließlich das Leben preisgegeben. Die Kritik richtet sich schließlich auf die Grundlage des Systems an sich:

---

[81] Berlinische Epigramme Nr. 3. Auch im Folgenden stellt die Zahl in Klammern die Nummer des betreffenden Epigramms dar.

*Communismus der Geister*, jetzt hat er ein amtliches Wesen
Und erscheint uns als Spuk. Vor[sic!] er die Leiber ergreift! (41)

Gibt es kein Oben und Unten? So sage ich vorne und hinten
In der Schlange; zudem stehn manche niemalen an. (42)

Mit Witz und Stich werden Grundsachen des Kommunismus getroffen: Das „Communismus der Geister" etwa erinnert an „das Gespenst des Kommunismus", das einst positiv das *Kommunistische Manifest* eröffnete[82] und hier seine Umkehrung erlebt. In der Gesellschaft, mit der man eben das kommunistische Ideal vor allem anderen, durch die Bekämpfung der Klassenunterschiede, realisieren wollte, hat sich eine neue Klasse gebildet: Statt „Oben und Unten" gibt es nun „vorne und hinten" in der Schlange. Ernste Kritik an den neuen Privilegierten ist mit der (witzigen) Darstellung der Realität der materiellen Dauermängel in der sozialistischen Gesellschaft gekoppelt.

Ein weiterer Punkt ist die „Wirtschaft". Der große wirtschaftliche Unterschied zwischen Ost und West, der letzten Endes u.a. zum Zusammenbruch eines schwachen Systems geführt hat, wird oft thematisiert. Der Form gemäß geschieht dies in kleiner Portion und in persönlicher Dimension, was aber nicht weniger bitter klingt. Weil dieser Unterschied als persönlich erlebte Erniedrigung in dem nachgeahmten Produktionsprozess dargestellt wird, lässt sich der Stolz der Arbeiter des Arbeiter- und Bauernstaats nicht mehr finden: „Industrieschweine wir, allmählich am Fließband zerstückelt …"(53). Dafür tritt hier und dort die Selbstironie dessen, dem sein Stolz endgültig verloren geht, zu Tage: „Wat denn, for Jeld freß ick Dreck. Und für Devisen den Kot." (56). Der wirtschaftliche Unterschied war eben der Keil, der die Lücke zwischen Ost und West entscheidend vergrößerte.

Hier nun, für günstiges Geld, das Bratkartoffelverhältnis
Liebend, denken sie, gern öffnet der Osten die Knie. (58)

Das Vorurteil der wirtschaftlich überlegenen Westler gegenüber dem Osten ist hier in krasser Zuspitzung thematisiert. Das Gedicht stellt in seiner Kürze doch den Zusammenstoß von falscher Überlegenheit und tief verletztem Stolz dar. Indem die Wirtschaft zum Maßstab geworden ist, klafft die Lücke zwischen zwei Welten immer weiter.

Keine Leute hier, und dort liegen sie auf der Straße.
Das ist eine Welt. – Zwei, und die Dritte krepiert. (59)

Dort die parfümierten, die wohlbestellten Negieren
Hier aber schwitzend, gell, riech ich, Rechtfertiger nur. (61)

---

[82] „Ein Gespenst geht um in Europa – das Gespenst des Kommunismus. Alle Mächte des alten Europa haben sich zu einer heiligen Hetzjagd gegen dies Gespenst verbündet." Aus: Marx/Engels: Manifest der Kommunistischen Partei.

Es bleibt die Frage:

> *Deutschland, aber wo liegt es?* Immer noch hüben und drüben.
> Wo es Besitz gibt: Gewalt, ziehen sich die Grenzen allein. (80)

> Nur der Himmel ist nicht geteilt, die Sender besudeln
> Ihn gleich viel und der Smog: aber dort melden sie den. (81)

Immer wieder geht es um den Besitz – als entscheidender Faktor für die Teilungen überall in der Welt. Sogar der Himmel sei geteilt – dies war die Leitidee des Romans, der zur Zeit der Teilung entstand: Christa Wolfs *Der geteilte Himmel* (1962). Nun wird die Metapher zynisch umgedreht, dass der Himmel nicht geteilt sei. Dies dient der Darstellung der einzig gemeinsamen Umweltprobleme, und zwar neben dem „Gewalt" verursachenden „Besitz" als der zweiten Gemeinsamkeit. Im Hinblick darauf ist der vom Dichter gemachte Vorschlag zu erwähnen:

> Auf die andere Seite! stets will der Mann auf der Mauer.
> Freilich, das wollen wir auch; rüber und wieder zurück. (138)

> Tapfere Schneider wir, werden die Heimat nicht finden.
> Drüben nicht, aber hier: hier nicht ehe drüben wir sind. (140)

So erklärt sich Braun schließlich für die Reisefreiheit. Wir wissen, was für eine dringende Angelegenheit sie in der DDR war, dass eben die Forderung nach Reisefreiheit zum Mauerfall geführt hat.

Die hier vertretenen Ansichten Brauns, wie sie den „Berlinischen Epigrammen" zu entnehmen sind, sind im Ganzen erstaunlich ausgeglichen und zutreffend. Hier lässt sich – sowohl argumentativ als auch sprachlich – nirgends eine solche Schwierigkeit finden, wie sie sich in dem langen Gedicht „Die Mauer" zeigte. Das anfängliche Bemühen um den „aufrechten Gang" scheint über den Zickzackgang hinweg nun sozusagen zur Etappe der freien Bewegung gekommen zu sein.

Diese Distichen wurden zwischen 1978 und 1982 geschrieben und erschienen 1987 in der BRD und in der DDR erst 1988, ein Jahr vor der Wende. Die zustimmende Resonanz war ziemlich groß.[83] Rezensenten aus Ost und West waren sich einig darin, dass man sich in die Braunsche Ungeduld einfühlt, und schätzten die Sachlichkeit wie die Distanz Brauns hoch.

Beachtenswert war vor allem die Tatsache, dass in der DDR wenigstens Intellektuelle sich Kritik in einem solchen Maß aneignen konnten. Denn dies war ein Barometer für die Erkenntnisse, welche die DDR-Intellektuellen inzwischen gewonnen hatten. Die Literatur nahm – so darf man sagen – auf diese Weise die Wiedervereinigung vorweg.

---

[83] In *Kritik 88* etwa stehen ausnahmsweise vier Rezensionen, und zwar am Anfang.

## 3. *Berlin beizeiten*: Erinnerung – Berührung
## Günter Kunert • Heinz Czechowski

### 3.1. Berlin-Szenerie

*Berlin beizeiten*, Günter Kunerts Gedichtband, der explizit Berlin thematisiert, erschien 1987, in demselben Jahr wie *Langsamer knirschender Morgen* Volker Brauns. Beide Lyrikbände haben gemeinsam die historische Metropole; das Schwergewicht liegt dabei jeweils auf einem anderen Teil derselben, geteilten Stadt. Dabei gilt das Interesse besonders dem Kontrast und der Übereinstimmung. Trotz des unterschiedlichen Standpunkts weisen beide Bände eine Dominanz reflexiver Züge auf, sind sie sozusagen Werke von Denker-Autoren und somit in hohem Maß Zeitdiagnosen mittels Poesie. Im Vordergrund steht vor allem die Stagnation – bei einem spezifisch in Bezug auf das sozialistische System, aber auch im Hinblick auf die momentane Gesamtlage, und bei dem andern mehr in Bezug auf Kultur und Geschichte überhaupt.

Die Gedichte in dem Band *Berlin beizeiten* sind in vier Teile gegliedert: „Von Berlin", „Vom Landleben", „Vom Reisen" und „Goethe – stark verbessert". Die 33 Gedichte im ersten Teil „Von Berlin" vermitteln spekulativ-poetische Bilder der historischen Stadt, die ihre Geschichte (seit 1919[84]) und ihre Gegenwart – Aspekte der geteilten Stadt einschließend – umreißen. Ansichten und Perspektive beruhen dabei auf dem Kunertschen Kulturpessimismus. Davon ist die poetische Sprache durchdrungen, und die Perspektive ist oft eine virtuelle Retrospektive von einer fernen Zukunft nach der Katastrophe: „Die Stadt: Fossil an allen Enden: | Erstorbne Zeit [...] Hier liegen alle Sedimente offen: | In Schichten wird Geschichte präsentiert" („Berlin – paläontologisch").[85]

Mit diesen Versen endet der Zyklus „Von Berlin", der mit dem Gedicht „Fantasma" beginnt. Voraussetzung des Zyklus sind das apokalyptische Bewusstsein, die „Gewalt der Geschichte"[86], vor allem die Gewalt der Zeit ist vorausgesetzt. Schon die Titel weisen neben dem Buchtitel auf das Thema und die Auffassung des Dichters von der Stadt Berlin hin. „Das letzte Gedicht über Berlin" ist eben die erste Zeile des ersten Gedichts und dessen Thema. Von der „Elegie" zum „Abschied" ist ebenfalls die Rede:

**Fantasma**

Das letzte Gedicht über Berlin –
Wie wird das wohl sein?
Hymnisch? Oder Ironie
Epitaph auf bröckelndem Stein.

---

[84] Der geschichtliche Abriss beginnt mit dem Thema Rosa Luxemburg.

[85] Günter Kunert: *Berlin beizeiten. Gedichte*, München/ Wien 1987, S. 44.

[86] Simonetta Sanna: *„Berlin beizeiten* von Günter Kunert. Die Strukturierung der Zeit", in: *Günter Kunert. Beiträge zu seinem Werk*, hrsg. v. Manfred Durzak und Helmut Steinecke, München 1992, S. 61.

Zum Abschied vielleicht eine Elegie
Im Plusquamperfekt: Gewesen war.
Adressiert an den Wind.
Absender: Ein üblicher Narr.

Das letzte Gedicht über Berlin
Wär auch das Ende vom Lied:
Ein immer unvollendeter Vers,
Weil ihn keiner mehr sieht.[87]

Ein „Epitaph auf bröckelndem Stein" oder „eine Elegie | Im Plusquam-
perfekt" „[a]dressiert an den Wind" soll das letzte Gedicht über Berlin sein. Die-
ses Gedicht darüber wirkt so, als sei es bereits dieses Epitaph. Die Gegenwart er-
scheint hier wie eine Retrospektive aus irgendeiner posthumanen Zukunft. Die
entstandenen Gedichte sind zum großen Teil Stadtbilder, Bilder von Berlin vor
dem Mauerfall, wie sie im Blick eines so eigenartig pessimistischen zeitgenössi-
schen Flaneurs gespiegelt sind.

So schildert er eine Straßenszene der – vom Westen isoliert und geteilt –
noch rapider alternden Stadt.[88] In Berlin, einer „Metropole gemütlichen Verzwei-
felns", blickt „[a]us jedem Fenster | Das Haupt einer Gorgone".[89] Ein Flaneur
mit einem solchen pessimistischen Blick nennt aber einen persönlichen Bezug
auf die Stadt: „Hier wurde ich geboren." „Beizeiten und doch zu spät | ent-
sprungen dieser verstörten versteinerten | Matrone | durch die ich von Jugend
an | ein Opfer meiner fünf Sinne | geworden bin."[90] So lassen sich eine grund-
legende Anteilnahme und vielleicht auch die Liebe eines Kindes der Stadt spüren,
wie verdrängt sie auch sei. Und das Wort „beizeiten" impliziert Ungeduld und
Erinnerung gegenüber der allgemeinen Vergessenheit. Statt einer eventuellen
„Berliner Kindheit" finden sich hier vielmehr Mahnbilder eines Skeptikers.

In einer solchen Umgebung und mit einem solch dichterischen Sensorium
sucht Kunert jedoch – angesichts der allgemeinen widerstehenden Umstände –
auch nach Spuren der Teilung:

**Im Grenzgebiet**

Straßenbahngleis: Wenige Meter
versehentlich liegengeblieben.
Der halbe Schwung einer Kurve
zwang die Körper im Wagen
zueinander
morgens wenn man
zur Schule fuhr. Unvergeßne Berührung.

---

[87] Ebd., S. 9.
[88] Dies wirkt konträr zu der Lebhaftigkeit der Stadt seit der Wiedervereinigung, vor allem
seit dem Umzug der Bundesregierung.
[89] „Spaziergang", in: *Berlin beizeiten*, S. 26.
[90] G. Kunert: *Berlin beizeiten*, S. 10.

Die Schienen verschwinden einfach
unter der Mauer
und kehren wieder
in keinem Berlin.[91]

Ein anderes Gedicht schließt sich thematisch und stofflich unmittelbar an:

**Gleisdreieck**

Dieser Ort ist
ein renovierter Abgrund: Keiner ahnt
bei einer Fahrt mit der S-Bahn
das metaphysische Ausmaß
der Reise. Klappernd und schwankend
im Rhythmus altertümlicher Prothesen
hängen die beiden Teile
des zerschmetterten Corpus Berlinense
zusammen.
Verhüllt von unheilbarer Geschäftigkeit
schleppen sich scheppernd
graue Erinnerungen hin und her
die vom vielen Gebrauch
ganz entkräftet sind.[92]

An den „[w]enige[n] Meter[n]" vom „versehentlich" liegengebliebenen Straßenbahngleis und an der Station „Gleisdreieck" – hier schnitt die U-Bahn-Verbindung von Westberlin in das Hoheitsgebiet der DDR ein – mit ihrer scharfen Kurve, zu der die Grenze eine Art Tangente bildete, liest der Autor noch das eigentlich brisante, aber inzwischen fast vergessene Tagesthema: die Teilung.

Während das Bewusstsein vom geteilten Land bei den DDR-Lyrikern mit der Ungeduld gegenüber der historischen Stagnation des Staates verzahnt war, gilt das Gleiche im Westen, falls es dies überhaupt noch gab, der allgemeinen Gleichgültigkeit:

Im Westen, selbst in Berlin, wo man den vernetzten Verkehr tagtäglich benutzte, war man an die Teilung gewöhnt. Sie geriet dort einfach in Vergessenheit. Ein „versehentlich" noch liegengebliebener Gleisstummel kommt in den Augen des Dichters einer schwer gefundenen Spur gleich, einem Symbol. Die höchst reale Wirklichkeit verliert in der Darstellung immer mehr an Realität: „Die Schienen verschwinden einfach | unter die Mauer | und kehren wieder | in keinem Berlin."

An die Berührung wird wie an eine Pflicht – im Schwung an einer scharfen Kurve und morgens auf dem Weg zur „Schule" – erinnert: Der Dichter versucht, sie dem Leser vor Augen zu führen. Angesichts dessen fällt dem Leser ein, wie intensiv das gleiche Thema – nicht auf die Berliner Stadtbahn reduziert, sondern

---

[91] Ebd., S. 16.
[92] Ebd., S. 39.

im Hinblick auf das gesamte Bahnnetz – einst bei Uwe Johnson behandelt wurde: Seine *Mutmassungen über Jakob*, „der Roman des geteilten Deutschland", geschrieben in den Jahren, in denen die Teilung des Landes fixiert wurde, war auch ästhetisch ein kaum zu übertreffendes Monument in diesem Themenkreis.

Vielleicht dem zeitlichen Abstand von dreißig Jahren entsprechend, ist der Unterschied der Intensität sowohl stofflich als auch auf reflexiver Ebene groß. Auch in dieser Hinsicht sind die beiden Gedichte Kunerts, nun vage Erinnerung und Mahnung, doch für die Situation signifikant.

### 3.2. Eine deutsch-deutsche Reise

Für die DDR-Bürger hingegen hatte jede ermöglichte „Berührung" die Frische des ersten Erlebnisses, das es schriftlich festzuhalten galt – wenn auch oft mit gemischten Gefühlen. In einem Gedicht, das in demselben Jahr 1987 erschien, wird eine solche schwer genehmigte West-Reise thematisiert. Es geht in umgekehrter Richtung um den Besuch eines ehemaligen Ost-Kollegen, u.a. bei Kunert zuhause im Westen. Mit seinem Titel will das Gedicht ausdrücklich ein Zeitbild sein und ist dies auch in vieler Hinsicht. Das Gedicht steht in zwei Gedichtbänden, die zum Teil mit unterschiedlichem Inhalt und unter unterschiedlichen Titeln, aber beide 1987, in demselben Jahr, im Osten und im Westen erschienen:[93]

**In Deutschland** (1986)

Von Kaisborstel nach Tielenhemme
Führt mich K. mit seinem
Turbogetriebenen Superautomobil
Übern Nordostseekanal, auf dem ein
Eisbrecher das Wasser öffnet,
Aber das Eis sich hinter ihm
Gleich wieder schließt.
Alles ist metaphorisch, sagt K., und ich
Widerspreche ihm nicht.
Nach einer stummen Umarmung
Sitzt S. mir am Tisch gegenüber,
Jeden Blickkontakt meidend. Doch unser Gespräch
Setzen wir fort, als hätten wirs erst gestern
Abend in Halle beendet.
Später, allein mit dem Hund,
Gehen wir zwischen den beiden
Meeren unter der Starkstromleitung,
Die, glaube ich, immer noch
Deutschland mit Deutschland verbindet.
Mehrere Horizonte
Lassen uns Städte ahnen, Atom-

---

[93] Heinz Czechowski: *Kein näheres Zeichen*. Halle/ Leipzig 1987, S. 97, und *Ich und die Folgen*, Reinbek bei Hamburg 1987, S. 50f.

Meiler, Wieder-
Aufbereitungsanlagen, Panzer, Soldaten.
Der Himmel drüber
Verkündet ein großes Verhängnis,
Das kommen wird, während ein Bauer
Seinen Mercedes am Eiderdeich parkt,
Um sich nach dem Preis zu erkundigen. So
Vergehen die Tage, bis ich über Heide und Hamburg
Nach Hause zurückkehre,
Wo alles noch so ist,
Als wäre ich niemals im anderen Deutschland gewesen.
Abends gehe ich ins Theater,
Um mir noch einmal mein Stück anzusehen.
Ach, welch Langmut
Kennt die Geschichte: seit fünfzig Jahren
Keine Veränderung, transparent
Schimmert die Hoffnung aus den Kulissen und
Kaum erreichbar.

Zwei unscheinbare, ländliche Ortschaften, norddeutsches Abseits, die jeweils erst durch die Ansiedlung eines Dichters und einer Dichterin vom Osten dem literarischen Publikum in gewissem Maße bekannt geworden sind, sind anfangs genannt und für den ostdeutschen Dichter Heinz Czechowski Reiseziele und Stützpunkte: Günter Kunerts Kaisborstel und Sarah Kirschs Tielenhemme.

Es geht um ein Wiedersehen dreier Kollegen, die einst alle im Osten waren: Zwei von ihnen wohnen seit langem (seit der Biermann-Ausbürgerung) im Westen, ein dritter, der Daheimgebliebene, besucht sie. Den Reisenden befremdet die Landschaft wie das Wiedersehen nach Jahren.

Dem Besucher vom Osten fällt zuallererst der zugefrorene Kanal auf, den der Eisbrecher mit knapper Mühe öffnet, der aber hinter ihm wieder zufriert: ein Symbol für die Beziehung zwischen Ost und West. Weiterhin wird die Differenz vorgelegt, zum Teil persönlich empfunden, zum Teil Floskel, die einem in einem geteilten, verschlossenen Land ideologisch eingeflößt worden ist: Kunerts „[t]urbogetriebene[s] Superautomobil", der „Mercedes" eines Bauern, beeindruckt zuerst den Reisenden – man kommt ja aus einem Land, in dem man einen Trabi klugerweise Jahre vor dem Kauf beantragen sollte – , dann aber „Atom- | Meiler, Wieder- | Aufbereitungsanlagen, Panzer, Soldaten", wie man oft gehört hat. Ein wahres Bild der BRD gibt dem Dichter aus dem Osten aber eine Szene des kapitalistischen Landes, in dem ein Bauer mit seinem Mercedes sein Interesse für einen Hund mit den Erkundungen nach dessen Preis bekundet.

Sowohl die Landschaft als auch das Wiedersehen der Freunde befremden den Dichter. In einem solchen Maße haben sich die beiden deutschen Staaten verfremdet und lassen es fühlen. Das einzig Verbindende zwischen den beiden Deutschlands ist im Auge des Besuchers die Starkstromleitung: „Die, glaube ich, immer noch | Deutschland mit Deutschland verbindet." Die ist ein bemüht gesuchter Gegenstand. Praktisch gibt es im Blickfeld nichts Verbindendes mehr –

so darf man es auch verstehen – daher: „Der Himmel darüber | Verkündet ein großes Verhängnis." Solchermaßen befremdet der kapitalistische Westen einen Besucher aus dem Osten; dieser blickt in erster Linie vom Fokus der Bürgerbewegung der 80er Jahre auf den Ort: Frieden („Panzer, Soldaten"), Atom, Ökologie. Angesichts all dessen erlebt man noch dazu konkret die Problematik des geteilten Landes.

Was seine Heimat, die DDR, betrifft, so stagniert die Geschichte. Dies fällt nach der Reise noch mehr auf: Nach der Heimkehr sieht er seine Heimat in anderem Licht. Die stagnierende sozialistische Gesellschaft betrachtet er nun mit einem entfremdeten Blick. „Ach, welch Langmut | Kennt die Geschichte: seit fünfzig Jahren | Keine Veränderung." Beachtenswert sind daher die folgenden Schlussverse: „[T]ransparent | Schimmert die Hoffnung aus den Kulissen und | Kaum erreichbar."

Dieses Unbehagen, das durch die Stagnation der Gesellschaft verursacht und von der Enttäuschung wie vom Vergleich mit dem Westen noch gefördert wurde, scheint im Osten allmählich zum Konsens geworden zu sein.

Die Wiedervereinigung des Landes – im Spiegel der Lyrik

# III. Die Wiedervereinigung des Landes – im Spiegel der Lyrik

Ein harmloses kleines Gedicht, eine Montage u.a. aus den Texten der National-hymnen der beiden deutschen Staaten und Brechts „Kinderhymne", wurde 1978 als „Verbotenes Lied" betitelt. Der Verfasser Bernd Jentsch kehrte, seitdem er nach der Biermann-Ausbürgerung (1976) einen Protestbrief an Honecker ge-richtet hatte, von einem Aufenthalt in der Schweiz nicht mehr in die DDR zu-rück. Noch im Jahr 1987 beklagte Volker Braun, der erklärte Sozialist mit revo-lutionärem Pathos, in seinem Gedichtband *Langsamer knirschender Morgen* die Stagnation des Realsozialismus und stellte ähnlich umsichtig eine Diagnose: „Tapfere Schneider wir, werden die Heimat nicht finden. | Drüben nicht, aber hier; hier nicht eh drüben wir sind."[94] Die Diagnose lautete auf Verlust des inne-ren Verständnisses für den Staat und war zugleich ein Plädoyer für die Reisefrei-heit der DDR-Bürger.

Die Reisefreiheit war in der DDR, besonders in ihrer letzten Phase, eine brennende Angelegenheit: Eine spontane Losung unter Demonstranten wirkte als Movens: „Wir wollen raus!" Was sich lange Zeit angestaut hatte und noch durch das Schauen der Westfernsehsendungen gefördert worden war, ergab den Dammbruch. Der elementare Wunsch wurde zur spontanen Losung unter Leipziger Demonstranten,[95] bestimmte die darauf folgende Massenausreise über Ungarn und die Tschechoslowakei und erschütterte schließlich die feste Mauer. Schon zu diesen Ereignissen und erst recht zum Fall der Berliner Mauer kam es jedoch abrupt. Kaum jemand konnte es voraussahnen. Mit dieser zeitgenössi-schen Wendung der Weltgeschichte wurde man konfrontiert und erlebte sie auf verschiedene Weisen als Erschütterung der eigenen Lebensbasis. Wie war das?

Wie ist es? Was ist es? Von solchen dringenden elementaren Fragen ausge-hend wurde, zeitlich noch ganz nah an den Ereignissen, eine Lyrikanthologie zu-sammengestellt, die hauptsächlich aus am Jahresende 1990 gesammelten Manu-skripten und teilweise aus alten Gedichten besteht: *Grenzfallgedichte. Eine deut-sche Anthologie* (1991), herausgegeben von der italienischen Germanistin Anna Chiarloni und Helga Pankoke, der Redakteurin des Aufbau-Verlags. Die Reakti-on auf die Zeitgeschichte wurde sozusagen vor Ort gesammelt. Gedichte von 68 Autoren bilden einen vielstimmigen Kommentar, einige sind sogar genau datiert und auf aktuelle politische Ereignisse zwischen dem Herbst 1989 und dem 3. Oktober 1990 bezogen. Die meisten Gedichte entstanden also aus der Konfron-tation mit dem überwältigenden Zeitgeschehen rund um den Mauerfall und ver-mitteln daher das Bewusstseinsspektrum der Betroffenen frischer und unmittel-

---

[94] Volker Braun: „Berlinische Epigramme"(141). In: *Langsamer knirschender Morgen*, S. 84.

[95] „Wir wollen raus!".

barer als ähnliche spätere Versuche.[96] Deswegen wird hier versucht, hauptsächlich anhand dieser Anthologie das Bild vom Wendejahr 1989/90, besonders das Innenbild der ehemaligen DDR, zu umreißen.

Die Anthologie beginnt mit dem anfangs erwähnten Gedicht „Verbotenes Lied" und mit zwei divergierenden Betrachtungen über die Lage des Landes: Günter Grass' „Es war einmal ein Land" und Eva Strittmatters „Mein Land". Das Ende des Grass'schen Märchens lautet: „Nach kurzem Bedenken bot es [Deutschland] einen dritten Krieg | sich beiderseits an. | Seitdem kein Sterbenswort mehr, Friede auf Erden."[97] Strittmatter dagegen: „Dieses verfluchte Land, in dem ich lebe, | Mein Land wunder- und wundenvoll, | Mit dem ich falle | Oder mich erhebe."[98] Auf ein distanziertes Warnbild der jüngsten Geschichte Deutschlands folgt also Strittmatters Solidaritätserklärung zu der eigenen Existenz der DDR.[99] Die Meinungsdivergenz ist nun nicht so zugespitzt wie in den zur Zeit des Mauerbaus geschriebenen Gedichten, wie sie in der Anthologie *Teilung des Landes. Ein Lesebuch*[100] zutage trat. Die drei genannten Gedichte dienen als Einleitung wie als Voraussetzung.

### III.1. Diagnose: eingesperrte Bürger, baufälliger Staat

Die „Grenzfall"-Gedichte sind im Großen und Ganzen durch den Versuch geprägt, in der undurchsichtigen Situation eine Übersicht zu schaffen: Die Autoren haben versucht, sich über die Lage klar zu werden, sie beobachtend, beschreibend und darüber reflektierend. Sie bekunden dabei wechselnde und gemischte Gefühle von Verlegenheit und Enttäuschung wie Hoffnung und Euphorie. Thematisch steht nach wie vor das von Stacheldraht durchtrennte Land im Vordergrund. Ob das Land, wie Strittmatter sagt, „wundervoll" war, ist umstritten, weil es hier nicht etwa um die Bundesrepublik in seinem als „Wirtschaftswunder" etikettierten ökonomischen Aufschwung, sondern gerade um die Deutsche Demokratische Republik geht. Diese aber scheint wahrlich „wundenvoll" gewesen zu sein – sowohl in ihrer einstigen Geschichte als auch momentan. Die Teilung des Landes war eine der Wunden, solange sich die DDR-Bürger durch Umzäunung des Landes schmerzhaft eingesperrt fühlten, wovon viele Gedichte zeugen.

Eine der Folgeerscheinungen, der Hunger nach Welt, besonders der Jugend, wie er sich in Reiner Kunzes Gedicht „siebzehnjährig" zeigt, ist, solange die DDR existierte, immer schwerwiegender geworden. Zu dem gleichen Themenkreis lassen sich weitere Gedichte finden. Die vielen Varianten sind Indiz dafür,

---

[96] Etwa die zwei Jahre später erschienene Anthologie: *Gedichte zur deutschen Wende 1989/1990*, hrsg. v. Karl Otto Conrady, Frankfurt/Main 1993.

[97] Anna Chiarloni/ Helga Pankoke (Hg.): *Grenzfallgedichte. Eine deutsche Anthologie*, Berlin 1991, S. 6.

[98] Ebd., S. 7.

[99] Sich in dieses naive Pathos einzufühlen, ist nicht allen möglich. Trotzdem spricht die Zeile „wunder- und wundenvoll" viele an, die Bewohner dieses noch „zerißne[n]" Landes umso mehr, wenn sie auch drohen mag, zur Phrase zu werden.

[100] Siehe Kapitel II.

dass dieses Gefühl vom Eingesperrtsein bis zum Mauerfall explizit eine Konstante war. Ein Gedicht von Michael Wüstefeld (geb. 1951):

OHNE GITTER eine Käfigseite des Landes
keinen trifft dort ein Schuß

Hinaus fliegt der Falke
übern Schreckenstein bei Aussig

und wieder zurück
auf den Handschuh des Falkners
(1981)

Das Ich identifiziert sich mit einem Falken, der so sehr abgerichtet ist, dass er auch ohne Gitter seine Flugweite selber zu begrenzen weiß, und freiwillig auf den Handschuh seines Herrn zurückkommt.[101] Seine Grenze markiert eine Felsenruine an der tschechischen Grenzstadt, vermutlich wegen ihres Namens „Schreckenstein" wie ihrer extrem schroffen Form. Selbst ein Vogel wagte hier nicht weiter zu fliegen. Eine solche Darstellung des eingeengten Gefühls ist kein Einzelfall.

Die DDR fühlt sich nicht mehr als „ein kleines wärmendes Land" (S. Kirsch „Fahrt II"), sondern als „Käfigseite des Landes", deren Sicherheit – „keinen trifft dort ein Schuß" – keine Geborgenheit mehr bedeutet, sondern Enge, sogar eine „Stickkammer | Getäuschter Hoffnung", in der „[d]as Weltbild auf Sehschlitzformat gesundgeschrumpft" war.[102] Dies stellt das Meinungsbild einer Generation dar und macht dadurch die Problematik der Gesellschaft anschaulich. Das Gefühl in der drückenden Enge meldet sich auf verschiedene Weisen: Bei Richard Pietraß (geb. 1945) lassen sich selbst die Wolken „fest" fühlen. Für ihn steht das „blaue Handtuch des Himmels", der viereckige Himmel über Berliner Hinterhöfen, für die ganze Welt. Dass es ihm so eng geworden ist, hängt mit der Eingeschlossenheit wie der erlebten Enttäuschung zusammen: „Fest gefügt vier Mauern. | Noch immer | Sinken Tage und Nächte | In diese Stickkammer | Getäuschter Hoffnung."[103]

Die Grenze, der „Schreckenstein" im Bewusstsein, wurde nun – seit dem Sommer 1989 – übertreten. Auch der Massenexodus ist eines der Hauptthemen dieser Anthologie. Reale Szenen spontaner Auswanderung werden u.a. von Wüstefeld erfasst und in sachlichem Ton ins Gedicht hineingearbeitet: „Aus Ungarn kommen im Sommer | die Züge leer nach Dresden zurück." Die so begonnene Massenausreise wird weiter verfolgt – von dem Dichter mit gemischten Gefühlen:

---

[101] *Grenzfallgedichte*, S. 22.
[102] Wulf Kirsten: „Muttersprache", in: *Grenzfallgedichte*, S. 24.
[103] Richard Pietraß: „Berliner Hof", in: a.a.O., S. 40.

Aus Prag und Warschau kommen im Herbst
Sonderzüge halten Dresden nicht zurück

| In Falstaff | Im Siedlerzug |
|---|---|
| zu sitzen verlangt | zu fahren verlangt |
| Keine Legitimation | keinen Fahrausweis |

Staatenlose fahren durch den Staat
      Im Land im heimlichen TrauerBlick
Den Staat in das Hassen gerissen
      Nie mehr niemals wieder hierher zurück

     War es das
     was wir wußten?
     Kann ich wieder zurück
     fragte ich mich
     Willst du wieder zurück
     fragst du mich [...][104]

Die innere Zerrissenheit des Beobachters spiegelt sich in der Sprache. Der Widerspruch zwischen „Staatenlosen" und „Staat" wird jedoch noch im „Land" ausgetragen. Dieses Land ist seines und wird „im heimlichen TrauerBlick" erfasst. Die Gegenüberstellung von „Staat" und „Land" erscheint dem Dichter selbst nicht konsequent. Denn diese klare Unterscheidung im Bewusstsein geht neben dem Ineinanderfließen von „Hassen" und „Trauer" im Gemüt einher. Darauf folgen offene Fragen: „War es das | was wir wußten? | Kann ich wieder zurück | fragte ich mich | Willst du wieder zurück | fragst du mich".[105] Dieser Exodus im Sommer/Herbst 1989 stellte sich in Wirklichkeit als die allmählich voranschreitende Auflösung der DDR heraus. Diese Auflösung wird von Harald Gerlach (geb. 1940) in seinem Gedicht „Exodus" parabolisch vereinfacht dargestellt:

Der König, auf den Altan
Tretend zur Entgegennahme
Morgendlicher Huldigung, er sieht
Den Auszug seines Volkes

Gefallen ist die Mauer
Aus Furcht, die das brüchige Reich
Zusammenhielt. Ein Westwind trägt
Gesangsfetzen herüber: Fei-
Heidiheidoheida!

     Fassungslos irrt
Der König durch die Leere. [...][106]

---

[104] Michael Wüstefeld: „Im Fallstaff Oktober '89", in: a.a.O., S. 111.
[105] Ebd.
[106] Harald Gerlach: „Exodus", in: *Grenzfallgedichte*, S. 58.

Das ironische Märchen enthält ausdrücklich die politische Einschätzung des Dichters: Es soll „die Mauer aus Furcht" gewesen sein, die bis dahin „das brüchige Reich zusammenhielt". Von seinem Volk verlassen, irrt nun der „König" fassungslos „durch die Leere". Ein scharfes Bild steht in auffälligem Kontrast zu jener Frage Bertolt Brechts mitten im Arbeiter- und Bauernaufstand im Jahr 1953 in dem von der DDR selbst emphatisch proklamierten Arbeiter- und Bauernstaat.[107] Der Brecht'sche sarkastische Alternativvorschlag lautete: „Wäre es da | Nicht doch einfacher, die Regierung | Löste das Volk auf und | Wählte ein anderes?" Dies war natürlich Kritik an dem Staat, der seine Macht zur Selbstnegation ausübte. Hier in Gerlachs Gedicht ist die Lanze sozusagen nochmals umgedreht: Der „König" ist bereits von seinem Volk verlassen und irrt umher. Es bleibt nur ein Mann, der „gegen den Winter" „seinen Rosenstock häufelt". Auf die Frage des Königs, ob er nicht auch gehe, antwortet er:

Mein Leben, sagt der Mann, hat
der König zerstört. Unwiederbringlich.
Nun will ich bleiben, mit ihm
meine Bitternis zu teilen. Und er
kommt mir nicht davon.

Dem Bleibenden wird zwar Aufmerksamkeit geschenkt, er selbst aber erklärte seine Treue mit gemischten Gefühlen: Verbissenheit wie Verdruss sind zu vernehmen. Die DDR wurde schon seit langem mit einem feudal-absolutistischen System verglichen, dessen Bürger sich wie „Vasallen" vorkommen.[108] Selbst für die Generation, welche sich, auf verschiedene Weise motiviert, dem Staat verpflichtet fühlte, die erste Autorengeneration der DDR, ist der Zusammenbruch des „Reichs" nicht mehr aufzuhalten. Der „König", der Staatschef, irrt schon umher. Die Baufälligkeit der so jung gealterten Republik wurde auch von den Dichtern der jüngeren Generation, die sich mit dem Staat nicht mehr identifizieren wollten, zutreffend diagnostiziert:

als das haus einstürzte vor dessen
baufälligkeit sie gewarnt worden waren
seit langem & mehrfach & immer vergeblich

klammerten sich einige von ihnen
noch im fallen an einzelne balken
& lobten die pläne der architekten

---

[107] „Nach dem Aufstand des 17. Juni | Ließ der Sekretär des Schriftstellerverbands | In der Stalinallee Flugblätter verteilen | Auf denen zu lesen war, daß das Volk | Das Vertrauen der Regierung verscherzt habe | Und es nur durch verdoppelte Arbeit | Zurückerobern könne. Wäre es da | Nicht doch einfacher, die Regierung | Löste das Volk auf und | Wählte ein anderes?" Bertolt Brecht: „Die Lösung", in: ders.: *Gesammelte Werke in 20 Bänden, Bd. 10., Gedichte 3*, Frankfurt/Main 1967, S. 1009f.
[108] Wie typisch in Volker Brauns älterem Gedicht „Das Lehen".

rühmten auch das fundament in dessen
sich rasch verbreiternden rissen
sie am ende verschwanden

& priesen noch aus der tiefe
das schützende dach dessen trümmer
sie schließlich erschlugen[109]

Beschrieben ist das Ende derer, die noch im Sturz, „sich an einzelne balken" ge-
klammert, „das fundament" rühmen und „in dessen sich rasch verbreiternden ris-
sen" am Ende verschwinden. Dieses tragikomische Bild enthält aber eine Situati-
onskomik.

Die Bilder, die die Dichter mit ihrer neuen wie alten Metaphorik und Para-
bolik hier vermitteln, treffen den Kern der Sache und vergegenwärtigen dem Le-
ser einen Abschnitt in der jüngsten Geschichte Deutschlands – am Ort wie über
den zeitlichen wie räumlichen Abstand hinaus.[110]

### III.2. November 1989

Die Mauer fiel. Ausgangspunkt waren die Demonstrationen im Herbst in
Leipzig. Es war schon die Rede von einer Revolution. Es gab sogar die Bezeich-
nung „glorreiche Revolution" für die erste Phase. Friedlich ist sie verlaufen. Ob
in Leipzig, ob in Berlin oder anderswo, nirgendwo wurde Blut vergossen, was
sonst in der Weltgeschichte bei Umwälzungen dieser Bedeutung kaum je der Fall
war. Mit den friedlichen Demonstrationen steht die Errungenschaft des Volkes
im Vordergrund, das sich gegen eine Systemgewalt, die Diktatur, durchsetzt. In
der Anthologie ist auch die Rede von der gesteigerten, von Euphorie gefärbten
Stimmungslage der ersten Umbruchszeit. Auch die Bilder von Straßen voll von
Kerzen, die im Oktober, November 1989 aus Deutschland um die Welt gesendet
wurden, finden hier ihren Niederschlag:

Gesichter mit dem Abglanz
Deutscher Romantik. Kerzen schmelzen
Das Schwert zur Pflugschar.[111]

Reale Bilder, die sich dem Weltpublikum ins Gedächtnis geprägt haben, finden
sich hier bei einem Dichter am Ort – durch Fokussierung, Abstrahierung, Inter-
pretierung und auch Idealisierung – in ein poetisches Bild umgesetzt: kon-
zentriert auf die Gesichter der friedlichen Demonstranten und Kerzen. Ein Ver-
such der historischen Kontextualisierung erlaubt dem Dichter eine gewisse Dis-
tanz und poetischen Glanz: „Abglanz der deutschen Romantik"; der folgende

---

[109] Yaak Karsunke: „Ziemlich frei. Nach Brecht", in: *Grenzfallgedichte*, S. 61.

[110] Nicht nur im politischen Jargon, sondern allgemein im Zusammenhang mit einem po-
litischen oder als politisch zu verstehenden Umbruch lässt sich, ob in der Metapher, ob im
Gleichnis, oft ein wohlentwickelter Sinn für das Wort-Versteck-Spiel als Verkleidungs- und
Schutzmanöver im Bewusstsein wie im Unbewussten erkennen.

[111] Harald Gerlach: „November", in: *Grenzfallgedichte*, S. 65.

Vers ist eigentlich näher am alten Sprachduktus: „Schwert zum Pflug." Indem diese Metapher aber gerade die zentrale Losung der (stark von der evangelischen Kirche getragenen) Friedenslosung in der DDR war, ist das Wunschpotential explizit: Kerzen mögen „das Schwert zur Pflugschar" schmelzen. Diese Euphorie ist verständlich. Der begrenzte Sprachmodus zeigt aber auch den begrenzten Ausblick des Autors.

Mitten in den Ereignissen sind die Interpretationen schon sehr verschieden, u.a. je nach dem Standpunkt des Beobachters. So gibt es die Innensicht wie in Harald Gerlachs Straßenbild „November":

> Im warmen Herbst blüht Phantasie,
> beginnt das lang Vertagte, der
> Ausgang aus Unmündigkeit[112]

Demgegenüber vertritt H. M. Enzensbergers „Pragmatismus" die Außensicht:

> Ein rotes Wunder geht auf,
> das wir nicht erleben. Die Wunde
> des Möglichen blutet noch[113]

Für einen dritten Gesichtspunkt steht Günter Kunert, ein Kenner der Szene, der die DDR längst hinter sich gelassen hat:

> Jetzt im November
> dem Sturm zuhören
> keinem sonst. Monat
> der Revolution der Selbstmörder[114]

Was dem Volk in einem mit sozialistischen Idealen gegründeten Arbeiter- und Bauernstaat vierzig Jahre lang mit dem sozialistischen Aufklärungsversuch beigebracht wurde, was es sich schließlich angewöhnt hat, wird hier definitiv angegeben: „Unmündigkeit." Unverkennbar ist bei Gerlach die Hoffnung, wenn auch nicht gerade der Jubel. Der schwierige und langwierige Prozess eines zeitgenössischen „Ausgangs aus der Unmündigkeit" steht noch dem zur Umsicht nicht trainierten Volk bevor. Wie schwierig dieser Ausgang, eine zeitgenössische Aufklärung, war, was sie alles kostete, erlebte man dann allmählich.

Aus der westlichen Perspektive gesehen, wie von Enzensberger, bleibt das, was im „Laboratorium" der DDR vierzig Jahre umzusetzen versucht wurde, das sozialistische Ideal, in der „Wunde | des Möglichen" komprimiert. Aus den Zeilen Enzensbergers, die zwischen Ironie und Aufrichtigkeit schillern, spricht auch die mit der Zeit gewonnene Umsicht eines nicht mehr jungen Dichters. Der Leser erinnert sich noch seines früheren Tonfalls, vor allem in dem Gedicht „landessprache" (1960), wo er vorbehaltlos Deutschland kritisierte und sein eigenes Land nur als eine „mördergrube" auffasste.

---

[112] Ebd.
[113] a.a.O, S. 67.
[114] Günter Kunert: „November", in: a.a.O., S. 67.

Eine zynische, aber treffende sachliche Diagnose wird von dem skeptischen Kunert vorgelegt. Er hatte früher im Gedicht „Wo Deutschland war, liegen zwei Länder" (1961) über die Teilung des Landes leise und sprachlich effektvoll geklagt, und mit seinem Gedichtband *Berlin beizeiten* (1987) an die im Westen fast vergessenen Berlin-Probleme, an die Teilung des Landes, erinnert und zur Aufmerksamkeit aufgefordert, sah aber immer noch keinen Anlass zur Freude. Die spiegelt sich in seinen gedankenreichen skeptischen Augen nämlich bloß als „Revolution der Selbstmörder". Dieser Eindruck wird verstärkt durch die Anspielung auf die Revolution von 1918.

Ohne großen zeitlichen Abstand, während die Euphorie noch herrschte, zog Heinz Czechowski (geb. 1935) eine Bilanz. Er stellt sich noch einmal auf den historischen Platz, imaginär der jubelnden Masse gegenüber, in eine Ecke, und beginnt die historischen Augenblicke, in denen der Rausch der deutschen Einheit die Masse in der DDR noch ergriff, mit kühlem Blick zu protokollieren:

> Wenn ich die Augen schließe,
> Hör ich die Rufe der Masse
> Wie Brandung. Auf diesem Platz
> Der einmal einer der schönsten
> Europas gewesen,
> Gedenk ich der Toten,
> Die auf dem Pflaster verbrannten. Wie Pollen
> Treiben die Wörter des Kanzlers
> Über die Köpfe. Versprochen wird jetzt:
> Den Skeptischen Mut,
> Den Trauernden Trost und selbst
> Noch dem Folterknecht
> Auskömmliche Rente. Versprochen wird auch:
> Die Schnellbahnstraße,
> Ein dichteres Telefonnetz, mehr Fernsehkanäle,
> Umweltfreundliche Krokodile, Tränen,
> Die glücklich machen wie Drogen, die Liebe –
> Kostspielig und doch
> Erreichbar für jedermann.[115]

„Historische Reminiszenz" ist schon der Titel. Thematisiert wird aber eine zu der Zeit aktuelle Angelegenheit: der erste historische Besuch des Bundeskanzlers vom 19. 12. 1989 in Dresden, wobei die Hoffnung auf die erwünschte Einheit an erster Stelle stand. Da jubelte die Masse und brach abwechselnd in Rufe aus: „Helmut! Helmut!" und „Einheit! Einheit!". Auf jenem Platz steht der Dichter wieder. Ihm klingt der Jubel noch im Ohr wie „Brandung"; er kann nicht umhin, als an das Schicksal der „dreimal zerstörten Stadt an der Elbe" zu denken: an jene unglückliche Nacht in der letzten Phase des Zweiten Weltkriegs, dem 13./14. Februar 1945, in der die schöne Barockstadt bombardiert wurde, und zwar

---

[115] Heinz Czechowski: „Historische Reminiszenz", in: a.a.O., S. 67.

zweimal – auf eine massive Reihe von Bombardements folgte noch eine Reihe auf die Bürger – derart, dass in einer Nacht fünfundzwanzigtausend Bürger – oft auf den Straßen – verbrannten. Er denkt auch an die Machtherrschaft des Sozialismus, der die Stadt – wie der Volksmund sagt, ein drittes Mal – ebenso verheert haben soll. Die Ruinen blieben zum Teil vierzig Jahre liegen; die Stadt sah düster aus, durch die übermäßig starke Umweltverschmutzung – dreifach größer als in der Bundesrepublik – noch düsterer, wie eine schwarze Geisterstadt.[116]

Betrachtet wird hier der Kontrast zwischen dem Stadtbild und dem Jubel der Masse, die Wirkung des westlichen Politikers, die Begrüßung seiner Worte, die der Stadt eine wunderbare Zukunft verheißen. Man kann sich vorstellen, was für eine Appellkraft ein „dichteres Telefonnetz" zum Beispiel bei den Bürgern gehabt hat, wo nur ein Achtel der Wohnungen den „Luxus" eines Telefons genoss. All das beobachtet der Dichter aber mit Skepsis. Er kann die (mehr oder weniger) rosa Worthülsen der Politiker nicht überhören. Er denkt dabei auch an die Krokodilstränen, die unechten, vor der Beute vergossenen. Er kann / möchte aber auch nicht so direkt sein: Er trennt das Wort und reiht beide Teile nur aneinander – „Krokodile, Träne" – den Zusammenhang lockernd. Jedoch verweist er auf die lockenden Lügen der Politiker – als unverkennbare Anspielungen. Die Liebe ermöglicht angeblich alles, soll aber – nur kostspielig sein.

Dieses lyrische Protokoll endet mit dem Verständnis des historischen Augenblicks als eines „demokratischen Ausbruchs | ins Niemandsland zwischen gestern und morgen". Dieses Niemandsland verlässt die November-Euphorie; allmählich stellt man eine innere Bestürzung fest.

### III.3. Nach dem November: die „Mauer in uns"

Nun wird sichtbar, was die abgebaute Mauer entblößt und was danach entstand. Hier meldet sich Reiner Kunze:

DIE MAUER
   Zum 3. Oktober 1990

Als wir sie schleiften,
ahnten wir nicht,
wie hoch sie ist
in uns

Wir hatten uns gewöhnt
an ihren horizont
und an die windstille

---

[116] Ihr Bild stand bis dahin deshalb für manche nicht nur für eine historische Stätte, sondern auch als ein anschauliches Zeichen für die ineffektive, unproduktive Wirtschaft und das marode System.

In ihrem schatten warfen
alle keinen schatten

Nun stehen wir entblößt
jeder entschuldigung

Indem verschiedene politische Auseinandersetzungen beendet sind, kommt die andere Seite der Problematik ins Blickfeld. Dies veranschaulicht das Gedicht: Sichtbar wird die Betroffenheit derer, die an die Einmauerung, an die einen Horizont bildende Mauer und an die Windstille an ihrer Innenseite gewöhnt sind. Der Schatten, den die Mauer warf, war so gewaltig, dass man all das Unglück nur der politischen Situation zuzuschreiben brauchte. Nachdem die Mauer beseitigt ist, lässt sich erkennen: Sie war nicht nur Schranke, sondern auch Blende und Schutz, aber keineswegs nur ein „antifaschistischer Schutzwall", sondern ein suspekter Schutz, der einem Volk eine Ausflucht vor möglicher Selbstkritik bot.

„Mauer in uns", die hier – vor allem in den Grenzfallgedichten – vorkommt, bildete sich langsam als Bild für die Folgen der staatlichen Teilung heraus. Später hat sich dann die Formulierung in der Presse als „Mauer im Kopf"[117] gefestigt. Die „Mauer in uns" richtet sich nach dem gleichen fixierten Denkmuster und hat mehr Appellkraft ans Gemüt, während es der letzteren Formulierung daran fehlt.

Die existenzielle Lage, in der sich viele Autoren befinden, wird in einem Gedichttitel von Annerose Kirchner (geb. 1951) vermittelt: „Zwischen den Ufern." „Der eigene Lebenslauf" drohe, sich „zwischen den Ufern zu verlieren".[118] Eine solche pauschale seelische Unsicherheit fordert Versuche heraus, sie zu bewältigen, und dies umso mehr, als dem lyrischen Ich die latente Gefahr einer inneren Anpassung – innerhalb der voranschreitenden Marktwirtschaft – schon bewusst ist. Ein anderes Gedicht derselben Dichterin – im Sommer 1990 entstanden – skizziert fast spielerisch einen schnellen „Ausverkauf der DDR" und zeigt Bilder einer drohenden „Selbstauslöschung".[119]

SONNTAG

Fliegende Teppichhändler tauschen
Eins zu eins
Hanswürste gegen Zinnsoldaten.

Mein Verstand denkt deutsch
Und probiert Maulkörbe, die es gratis gibt,
13 gehen auf ein Dutzend.

---

[117] Zuerst bei Peter Schneider: *Der Mauerspringer. Erzählung,* Reinbek bei Hamburg 1984.
[118] *Grenzfallgedichte,* S. 97.
[119] Anna Chiarloni: „Zur deutschen Lyrik nach dem Fall der Mauer", in *Studies in GDR Culture and Society* Nr. 11-12, New York/ London, 1993, S. 98.

Morgen, flüstert mir
eine besoffene Stimme ins Ohr,
wandern wir aus.[120]

In dem Kontext bezeichnen z.B. die Zinnsoldaten keine Schmuckfigur oder Spielzeug mehr, wie die Hanswurste nicht bloß Bühnenfiguren bedeuten. Requisiten aus einem militärisch eingestimmten politischen und sozialen Milieu steht die Kippfigur der Spaßgesellschaft gegenüber: „Eins zu eins | Hanswurste gegen Zinnsoldaten." Der Umtausch erscheint wohlfeil, doch die Rechnung ist nicht korrekt. Es wird nicht zu sehr betrogen, sondern nur ein bisschen zugunsten des plausiblen (An-) Scheins: „13 gehen auf ein Dutzend." Dafür sei der Maulkorb gratis. In diesem (Situations-)Witz geht es eigentlich um die als Requisit empfundene eigene Existenz und die Frage, inwieweit sie sich in eine neue Umgebung umsetzen lässt.

Die angedeutete Versuchung, das „Niemandsland" zu verlassen, muss auch unter den Bleibenden groß gewesen sein. Gedichttitel wie „Dasein auf der Kippe" (Brigitte Sturzyk)[121] oder „Mein Land ist mir zerfallen" (Jürgen Rennert)[122] sind dafür signifikant. Überall ist die Angst zu spüren, „von der westlichen Konsumgesellschaft völlig kolonialisiert zu werden". Als Folge zeigen viele aus dem Jahr 1990 stammende Texte eine Mischung von Wut, Resignation und Bitternis gegenüber der neuen Ordnung, was übrigens die Herausgeberin der Anthologie als die Spuren einer DDR-Identität bezeichnet.[123]

Das D-Mark-Leben bringt die Kennzeichen der westlichen Gesellschaft mit sich: Coca Cola, das alte Symbol des Kapitalismus, gehört nun zum Alltag. Die ehemalige DDR, in der mit der wirtschaftlichen Einheit vom 1. 7. 1990 die Waren auf den Ladenregalen gründlich durch die westlichen ersetzt wurden, wird nun mit Werbung überflutet. Dafür steht auch das parodierte Hölderlin-Zitat: „Das Reich der Gedanken | bleibt landlos. | DRINK | COCA COLA LIGHT! So kam ich unter die Deutschen."[124] Andererseits werden im politischen Jargon Freiheit und Leistung gekoppelt. So ist es auch in einem Gedicht, das auf den 17. Juni, den alten Tag der Deutschen Einheit, aber auch Tag des Arbeiteraufstands, datiert ist:

TAG DER DEUTSCHEN EINFALT

Die Linken lecken lärmend Wunden: Herr stärk
Des Fleisches Blödigkeit/ daß wir hier ritterlich
Ringen/ Die Rechten: Menschheitsträume werden

---

[120] *Grenzfallgedichte*, S. 76.
[121] *Grenzfallgedichte*, S. 91.
[122] Ebd., S. 108.
[123] Vgl. Anna Chiarloni: a.a.O., S. 98f.
[124] Harald Gerlach: „Utopia", in: *Grenzfallgedichte*, S. 118.

Wahr/ Freiheit durch Leistung/ Vor blutigem
Himmel sitzt eine Amsel und singt/ singt[125]

Der Verfasser Einhorn wählt den politischen Jargon aus den polarisierten Lagern und stellt die dichotomischen Denkschemata auch sprachlich anschaulich dar: Typisiert ist die Ost-West-Teilung. Suspekte Bemühungen der anachronistischen Linken wie der heuchlerischen Rechten, wie sie im Auge des Dichters sind, werden durch den auffällig künstlichen Zeilensprung hervorgehoben: „Ringen" und „Wahr". Von den so bloßgestellten Ideologien sei nicht viel zu erwarten; der Vogel der Prophezeiung sitzt und singt nämlich „vor blutigem | Himmel" – unheimlich.

Die Kritik trifft aber auch die eigene Person, wie bei Heiner Müller (geb. 1929):

SELBSTKRITK

Meine Herausgeber wühlen in alten Texten
Manchmal wenn ich sie lese überläuft es mich kalt Das
Habe ich geschrieben IM BESITZ DER WAHRHEIT
Sechzig Jahre vor meinem mutmaßlichen Tod
Auf dem Bildschirm sehe ich meine Landsleute
Mit Händen und Füßen abstimmen gegen die Wahrheit
Die vor vierzig Jahren mein Besitz war
Welches Grab schützt mich vor meiner Jugend[126]

Diese Art Selbstkritik fällt bei Müller, der sonst gerne den Ton angab, umso mehr durch die Distanzierung auf: Distanz entsteht durch den Blick auf die Vergangenheit, aber auch zum aktuellen Geschehen. Gerade diese doppelte Distanz verleiht der Aussage eine einmalige Historizität: Schon während der Ereignisse versucht er, das Geschehen aus einer historischen Perspektive zu beleuchten – ein brillantes Beispiel nicht nur für die Selbstreflexionen der Intellektuellen in der DDR, sondern für Historisierungsversuche.

Ein komplexerer Historisierungsprozess, der ebenfalls Selbstkritik einschließt, findet sich in einem Gedicht von Volker Braun. Dieses Gedicht ist inzwischen sehr oft zitiert und in andere Anthologien aufgenommen worden. Nicht nur der Text, sondern auch die Entstehungs- und Rezeptionsgeschichte dieses Gedichts ist signifikant. Schon im Entstehungsjahr war die Rede davon, dass es dem wiedervereinigten Raum ein „Brandmal" gesetzt haben soll. Dieses Gedicht, das zunächst keinen Titel hatte, dann „Mein Eigentum" und später „Das Eigentum" genannt wurde, heißt hier in der Anthologie noch „Nachruf".

---

[125] Hinnerk Einhorn, in: a.a.O., S. 84.
[126] Heiner Müller: „Fernsehen", in: a.a.O., S. 55.

## NACHRUF

Da bin ich noch: mein Land geht in den Westen.
KRIEG DEN HÜTTEN FRIEDE DEN PALÄSTEN.
Ich selber habe ihm den Tritt versetzt.
Es wirft sich weg und seine magre Zierde.
Dem Winter folgt der Sommer der Begierde.
Und ich kann bleiben *wo der Pfeffer wächst*
Und unverständlich wird mein ganzer Text.
Was ich niemals besaß wird mir entrissen.
Was ich nicht lebte, werd ich ewig missen.
Die Hoffnung lag im Weg wie eine Falle.
Mein Eigentum, jetzt habt ihrs auf der Kralle.
Wann sag ich wieder *mein* und meine alle.

Provokant genug bezeichnet der Dichter die neue deutsche Ordnung als Umkehrung eines revolutionären Verfahrens. Hieß es in Büchners „Hessischem Landboten": „Friede den Hütten! Krieg den Palästen!",[127] so funktioniert Braun hier das berühmte Motto um.

Voller Bedenken zieht so der Dichter eine lyrische Bilanz der Entwicklung nach dem Mauerfall. Es geht um das Phänomen Massenausreise, das Ausbluten eines armen Landes – eben die allgemeine Lage der DDR-Gesellschaft, um Selbstreflexion wie -kritik eines Schriftstellers, der selber zu der Veränderung beigetragen hat, die schließlich zum Untergang eines Staates führte, der hauptsächlich aus sogenanntem Volks- oder Gemeineigentum bestand.

Vor allem fallen die großgedruckten, oben erwähnten Aufrufe auf. Die Verkehrung der alten Parole lässt einen über den Sinn und Unsinn einer Revolution nachdenken. Die das Land verheerende neue Besitzgier als eine Kompensation des Volkes mit seinen lange aufgeschobenen Bedürfnissen verödet das eigene Land. Der Dichter entscheidet sich jedoch dort zu leben, „wo der Pfeffer wächst".[128] Ihm bleibt nun nur die alte Hoffnung als eine „Falle" übrig, statt des Selbstbewusstseins eines Teilnehmers, der an der glorreichen Revolution mitgewirkt hat. Braun akzentuiert eine Mischung aus Reue und Selbstreflexion: „Ich selber habe ihm den Tritt versetzt." – umso mehr, als diese Tätigkeit mit dem von ihm geschriebenen „Text" und dem sich auf den Pfeffer beziehenden Wort „wächst" gereimt ist.

Beachtenswert ist das kunstvolle Reimgefüge: Man kann z.B. den Westen gleich mit den „Palästen" identifizieren. Auch andere Reimwörter verweisen auf

---

[127] Georg Büchner: *Sämtliche Werke und Briefe. Zweiter Band vermischte Schriften und Briefe.* Historisch-kritische Ausgabe mit Kommentar, hrsg. v. Werner R. Lehmann, München 1972, S. 34f.

[128] Gegen all das im Allgemeinen und gegen den Angriff in der „ZEIT" im Besonderen – Ulrich Greiner: „Die toten Seelen des Sozialismus können bleiben, *wo der Pfeffer wächst*" (Der letzte Satzteil im Kursiven stammt von Volker Braun.) (DIE ZEIT 1990/ Nr. 26) Um u.a. diesen anzugreifen, wurden eben dessen Verse zitiert. Dieses Gedicht ist eine Antwort darauf. (Hier wird die Lanze nochmals umgedreht.)

enge Sinnzusammenhänge: „entrissen" und „missen" wie „Falle", „Kralle" und „alle". Auffällig ist auch der ironische Zusammenhang von „Zierde" und „Begierde".

Auch die Veränderungen des Titels sind erwähnenswert, weil dadurch das Gedicht je nach Situation unterschiedlich nuanciert wurde.[129] Hier liest sich das Gedicht als ein Nekrolog auf das untergegangene System des Volkseigentums, auf den Verlust und das Begräbnis der sozialistischen Ideale. Die Hoffnung eines Reformsozialisten steht für die Schattenseite der Wende, steht für den Bewusstseinsstand der Bürger, aufschlussreich und symbolhaft.

Was hier unverkennbar als Aggressivität ausgedrückt ist, weist auf Konflikte hin, die die Wiedervereinigung unvermeidlich mit sich brachte. Von der „Abwicklung", von der Unzufriedenheit der Steuerzahler z.B. hört man hier zwar nichts, von tausend realen Problemen ist keine Rede, jedoch vermittelt der ahnende Dichter die Intensität, was den Leser zur Reflexion bringt. Mitsamt seiner Entstehungs- und Rezeptionsgeschichte vermittelt dieses eine Gedicht viele Gesichter der Wiedervereinigung, die keineswegs reibungslos verlaufen kann, und steht auf alle Fälle für eine poetische Antwort auf die Geschichte.

---

[129] Zuerst wurde das Gedicht nämlich im Osten (im Neuen Deutschland vom 4. 8. 1990) ohne Titel veröffentlicht. Als die Frankfurter Allgemeine Zeitung es ein paar Tage später abdruckte, war es mit „Mein Eigentum" betitelt. In dem hier vorliegenden Band trägt es die Überschrift: „Nachruf". Daran könnte man möglicherweise eine Abfolge ablesen: Zuerst die fehlende Überschrift, beziehungsweise die Wut, in der man der allgemein perspektivlosen Situation zunächst keinen festen Namen geben kann; dann die sich abzeichnende Desillusionierung und aufkommende Aggressivität desjenigen, der seines Eigentums beraubt worden ist. Schließlich kommt mit dem jüngsten Titel „Nachruf" ausdrücklich die Trauer zum Ausdruck, die sich mit der Neuordnung einstellt. Mit dem späteren, endgültigen Titel „Das Eigentum" wird dieselbe Aussage dann erheblich neutralisiert. Siehe S. 78f.

# 1. *Die Zickzackbrücke. Ein Abrißkalender*
## Volker Braun

### 1.1. Ein „Abriß" der Geschichte

Ein „Abrißkalender" heißt ein kleiner Band, der hauptsächlich Gedichte enthält und von der Wendezeit zeugt: *Die Zickzackbrücke. Ein Abrißkalender* (1992). Volker Braun will, dem Titel nach, Abriss, gedrängte Darstellung der Geschichte sein. Wegen der Klangähnlichkeit erinnert dieser Neologismus aber auch an den „Abreißkalender": Abreißkalendermäßig steht der Text womöglich Tag für Tag für den Prozess, aber auch dafür, was Tag für Tag vernichtet wird. Auf alle Fälle steht dieses kleine Buch für die Wende. Es besteht aus Lyrik und Kalendertexten der Jahre 1988-1991: Gedichte, Erzählungen, Essays, Interviews usw. Alles ist darauf ausgerichtet, die deutsche Wende aus der Perspektive der ehemaligen DDR-Bürger zu veranschaulichen: nämlich wie es zur Wende kam und wie die Lebenswirklichkeit sich danach entwickelte.

Den ersten Teil des Bandes bildet der Gedichtzyklus „Zickzackbrücke". Damit wird vor allem andern der Verlauf der Geschichte erfasst, der als ein Zickzackgang verstanden wird, oder: Die Zeitgeschichte hat in einer Brücke ihre treffende Metapher gefunden. Denn diese Zickzackbrücke gibt es tatsächlich, es ist die sog. Neun-Biegungen-Brücke in Shanghai.[130] Volker Braun machte vor der Wende, im Mai 1988, eine Reise nach China, dem Klappentext des Bandes nach „politisch erschöpft, in Erwartung der Wende". Die Zickzackbrücke ist nicht nur Titel des Bandes, sondern auch der des ersten Zyklus:

**Die Zickzackbrücke**

Die bösen Geister laufen nur gradaus.
Als wie der Dämon
Der Ideologen
Mir nicht folgt in den blühenden Garten.

Das Märchen-Motiv, auch die gewisse Exotik aufgrund der geographischen Entfernung, wirken harmlos. Weil dem Dämon hier aber das Attribut „[d]er Ideologen" folgt, schlägt die ursprünglich kindliche, lustige Idee vom Vermeiden der Geister zur Ideologiekritik um, und die Kritik richtet sich gegen die kommunistische Ideologie. Eine intertextuelle Lektüre unterstützt diese Lesart. Das 41. Epigramm aus dem Zyklus „Berlinische Epigramme" lautet etwa „Communismus der Geister, jetzt hat er ein amtliches Wesen | Und erscheint uns als Spuk. Vor [statt: Bevor] er die Leiber ergreift!" Hier hat Braun, wie erwähnt mit gemischten Gefühlen, an den ersten Satz des Kommunistischen Manifests („Ein Gespenst geht um in Europa – das Gespenst des Kommunismus") erinnert, um die erstarrte Bürokratisierung der sozialistischen Gesellschaft anzuklagen.

---

[130] Vgl. Volker Braun: *Werktage 1977-1989.* Frankfurt/Main 2009, S. 881.

In unserem Gedicht lässt sich auch eine gewisse Müdigkeit beim „aufrechten Gang" ablesen. Die Wende an sich ist dann prägnant erfasst.

### Die Wende

Dieser überraschende Landwind
In den Korridoren. Zerschmetterte
Schreibtische. Das Blut, das die Zeitungen
UND DER RUHM? UND DER HUNGER
Erbrechen. Auf den Hacken
Dreht sich die Geschichte um;
Für einen Moment
Entschlossen.

Obwohl das Gedicht – mit zeitlichem Abstand gelesen – ziemlich verschlüsselt klingt, weckt es Interesse, gerade auch durch die Verschlüsselungen. Der „Landwind", nicht vom milden Atlantik her, sondern vom Kontinent her wehend, kann den überraschenden Einfluss vom Osten meinen. Weil er nicht kalt, sondern mild ist, dürfte er das politische Klima bezeichnen: Perestroika und Glasnost, was damals[131] die Veränderung des Weltklimas brachte. In diesem Zusammenhang kann der Korridor hier auf den Polnischen Korridor hinweisen. (Am zweiten Satz lässt sich momentan chaotische Zeitgeschichte, aber auch – aufgrund des Großschriftzitats vom Motto von *Leonce und Lena* Georg Büchners – mitsamt den märchenhaften Zügen ablesen.)

Dann heißt es: Die Geschichte drehe sich „auf den Hacken" um. Die Akrobatik und Momenthaftigkeit des Wandels entspricht, zugespitzt, jedoch in erstaunlichem Maße der Geschichte des Grenzfalls in Deutschland – Abriss der Zeitgeschichte in einem Bild.

## 1.2. Lyrik nach der Wende
Was danach kam, steht kurzgefasst in dem Gedicht „O Chicago, o Widerspruch".

Brecht, ist Ihnen die Zigarre ausgegangen?
Bei den Erdbeben, die wir hervorriefen
In den auf Sand gebauten Staaten.
Der Sozialismus geht, und Johnny Walker kommt.
Ich kann ihn nicht an den Gedanken festhalten
Die ohnehin ausfallen. Die warmen Straßen
Des Oktober sind die kalten Wege
Der Wirtschaft, Horatio. Ich schiebe den Gum in die Backe
Es ist gekommen, das nicht Nennenswerte.

Diese „Erdbeben, die wir hervorriefen", rufen Brechts Verse hervor: „Bei Erdbeben, die kommen werden, werde ich hoffentlich | Meine Virginia nicht ausgehen lassen durch Bitterkeit." Brecht wusste, „nach uns wird kommen: nichts Nen-

---

[131] „Die Wende" entstand im August 1988.

nenswertes".[132] Hier ist dagegen definitiv konstatiert: „Es ist gekommen, das nicht Nennenswerte."

Das kurze Gedicht hier bietet jedoch eine andere Formel für die Zeitgeschichte. Zuerst: „Der Sozialismus geht, und Johnny Walker kommt." Die Werbefigur Johnny Walker, die ansonsten keine so starke Kennmarke des Kapitalismus wie Coca Cola ist, veranschaulicht jedoch – dank ihrer Bildlichkeit, dem schreitenden Walker – sozusagen den „Einmarsch" des Kapitalismus in die ehemalige sozialistische Gesellschaft effektvoll.[133] Dann die ebenso gültig wirkende Diagnose: „Die warmen Straßen | Des Oktober sind die kalten Wege | Der Wirtschaft." Das bezeichnet den Wandel der Straßen, die 1989 voll von revolutionärem, aber friedlichem Elan waren.

Der rasche Wandel der Oktober-Euphorie in die kaltherzige Realitätserkenntnis wird hier durch die treffenden Enjambements noch effektiver gezeigt: Der ergänzende Genitiv – „Des Oktober", „Der Wirtschaft" – erhält nun viel mehr Gewicht. Die Pluralisierung des Weges – „die kalten | Der Wirtschaft" – stiftet zwischen beiden „Wegen" einerseits Identität, bringt aber andererseits noch eine Dimension: die der Politik. Und durch die Denkpause erhält der trockene Spruch etwas Poetisches.[134] Dem Diktum ist die Anrede „Horatio" hinzugefügt, die bekannte Zeilen aus Hamlet nach sich zieht: „Horatio, zwischen Himmel und Erde ist viel mehr als deine Philosophie träumen kann."[135] Durch eine fremde Anrede werden mögliche Schwärmer stark auf die Realität hingewiesen. Es geht hier doch darum, dass das Neue nicht nennenswert ist – also nicht der Rede wert.

Hier lässt sich ein signifikantes Gedicht, das im letzten Kapitel schon besprochen wurde, nochmals anschließen. Nun mit dem endgültigen Titel „Das Eigentum". Dieses im Erscheinungsjahr klassisch gewordene Gedicht zieht als eine poetische Inventur der deutschen Wende die Aufmerksamkeit auf sich. Es wurde nicht nur in kurzer Zeit vielmals gedruckt und in Aufsätzen behandelt, sondern auch schon in Anthologien aufgenommen. Um nochmals zu zitieren und wirtschaftliche Aspekte fokussiert zu betrachten:

DAS EIGENTUM

Da bin ich noch: mein Land geht in den Westen.
KRIEG DEN HÜTTEN FRIEDE DEN PALÄSTEN.

---

[132] Bertolt Brecht: „Vom armen B. B.", in: ders.: *Gesammelte Werke in 20 Bänden. Schriften*, Bd. 8, Frankfurt/Main 1967, S. 262.

[133] Dementsprechend oft wurde die Zeile kurz nach der Veröffentlichung (26. 10. 1990) zitiert.

[134] Die Wendung „die kalten Wege" bewahrt, getrennt von ihrer Ergänzung „der Wirtschaft", eine eigene Bildlichkeit, statt als Phrase der Kennzeichnung wirtschaftlicher Eigenschaft flüchtig gelesen zu werden.

[135] „There are more things in heaven and earth, Horatio, | Than are dreamt of in your philosophy." Aus: William Shakespeare: *Hamlet*, Akt I, Szene 5, Vers 166f.

Ich selber habe ihm den Tritt versetzt.
Es wirft sich weg und seine magre Zierde.
Dem Winter folgt der Sommer der Begierde.
Und ich kann bleiben *wo der Pfeffer wächst*.
Und unverständlich wird mein ganzer Text
Was ich niemals besaß wird mir entrissen.
Was ich nicht lebte, werde ich ewig missen.
Die Hoffnung lag im Weg wie eine Falle.
Mein Eigentum, jetzt habt ihrs auf der Kralle.
Wann sag ich wieder *mein* und meine alle.

Die Realität der „kalten Wege der Wirtschaft" ist hier durch die Umkehrung einer Parole der französischen Revolution (zugleich Georg Büchners) kritisch bedacht, und das Phänomen der Massenausreise („mein Land geht in den Westen") als eine Unterwerfung („Es wirft sich weg und seine magre Zierde"). Der Zusammenbruch eines winterlichen Systems führte keinen Frühling herbei. „Dem Winter folgt der Sommer der Begierde."

In dem kursiv gedruckten Teil der Phrase „Ich kann bleiben wo der Pfeffer wächst" steckt viel: neben der weiten Ferne in der Redewendung – „Jemanden dahin wünschen, wo der Pfeffer wächst" – auch Brauns eigene frühere Verse: „zwei Länder | Kleben mir an dem Sohlen | Hier wächst das Salz, dort der Pfeffer | Für mein offenes Herz";[136] ferner auch die boshafte Bemerkung von Ulrich Greiner („Die toten Seelen des Realsozialismus sollen bleiben, wo der Pfeffer wächst"[137]), gegen die u.a. gerade dieses Gedicht geschrieben war. Und noch dazu vielleicht die ferne Kolonie als Produktionsort des Pfeffers und zugleich dessen mögliche Konnotation als Strafkolonie.[138]

Die andere Hälfte des Textes hat zum Hauptthema „Verlust des Eigentums". Der Verlust der Utopie („was ich niemals besaß wird mir entrissen"), des Volkseigentums („sage mein und meine alle") und die Klage darüber prägen das Gedicht.

Der Autor fühlt sich zudem als Kolonisierter: „Mein Eigentum, jetzt habt ihrs auf der Kralle". Die Angst gilt nicht nur der wirtschaftlichen Basis, dem materiellen Besitz, sondern auch dem geistigen Eigentum. Die Grundlage des ganzen bisherigen Werks droht verloren zu gehen: „Unverständlich wird mein ganzer Text". „Mein Eigentum" solcher Art war bei Hölderlin in der Ode mit demselben Titel vertreten:

---

[136] Das Gedicht „Doppelbefund", in: Volker Braun: *Text in zeitlicher Folge*. Bd. 6, Halle (Saale) 1990, S. 51.

[137] Siehe. Anm. 128 auf der Seite 74 hier.

[138] Zur französischen Kolonie Cayenne z.B., woher Pfeffer kommt, wurden früher Verbrecher gebracht. Vor der Küste von Cayenne liegen die Îles du Salut, die Frankreich als Strafkolonie dienten.

Sei du, Gesang, mein freundlich Asyl! sei du
  Beglückender! mit sorgender Liebe mir
    Gepflegt, der Garten, wo ich, wandelnd
      Unter den Blüten, den immerjungen

In sichrer Einfalt wohne, wenn draußen mir
  Mit ihren Wellen alle die mächtge Zeit
    Die Wandelbare fern rauscht und die
      Stillere Sonne mein Wirken fördert.

Ihr segnet gütig über den Sterblichen
  Ihr Himmelskräfte! jedem sein Eigentum,
    O segnet meines auch und daß zu
      Frühe die Parze den Traum nicht ende.

Bei Hölderlin ist sein Eigentum also der Gesang, die Dichtung, und bei Braun ist es „mein ganzer Text" – im Grunde das Gleiche. Bei Braun kommt die Angst – vor allem wegen des Adjektivs „ganz" – stärker zum Ausdruck. In seinem Gedicht „An Friedrich Hölderlin" sagte Braun früher, dass ein solches Asyl „volkseigen" sei:

[...]
Dein Eigentum auch, Bodenloser
Dein Asyl, das du behauptest
Mit schattenden Blumen und Wein
Ist volkseigen:
Und deine Hoffnung, gesiedelt
Gegen die symmetrische Welt![139]

Die Hoffnung legte Braun noch 1979 auf diese Weise in den Sozialismus. Dieser hat das Potential, gegen „die symmetrische Welt" zu stehen. Dabei liegt nun die Hoffnung im Gedicht von 1990 „im Weg wie eine Falle", und der Dichter kann nun selbst in seinem „Gesang", in der Dichtung, kein „Asyl" mehr finden; im Gegenteil droht ihm die Gefahr, dass sein ganzer Text „unverständlich" werde. Was der Dichter dann fühlt, ist schlimmer:

MEIN BRUDER

Der Bettler auf der schmierigen Treppe des BANCO
  DI ROMA
Auf einem Stück Wellpappe BROTHER, eingemummt
In seine Mütze am Mittag. Was habe ich ihm voraus?
Nichts als mein Vers ernährt mich und bringt mich ins Bett.
Mein Satz, der Aussatz, liegt auf dem Papier, dreckig
Und unverhüllt. Schamlose Worte
Die auf der Straße wohnen, bettelnd um Mitleid.

---

[139] V. Braun: a.a.O., Bd. 4 , S. 79.

Ein Junge, magerleibig, mit aufgehaltener Hand
Taumelt von Mensch zu Mensch
Auf einen Menschen zu. Die Zigeuner im Abgas.
Nicht einmal eine Hoffnung habe ich dir voraus.

Die Lage des Dichters auf dem kapitalistischen Büchermarkt wird direkt mit der eines Bettlers auf „der schmierigen Treppe" des wohl prachtvollen Gebäudes einer römischen Bank verglichen. Sowohl die Darstellung des Bettlers („mein Bruder") auf einem Stück „Wellpappe BROTHER", auf dem Fetzen von Verpackungsmaterial der Firma Brother, als auch die weitere Aussage sind zugespitzt: „Mein Satz, der Aussatz" oder „Nicht einmal eine Hoffnung habe ich dir voraus."

Der Dichter hat anscheinend all seinen Stolz verloren. Zudem verschwindet der tragende Boden und damit der gemeinsame Code, aufgrund dessen sich die Texte mit ihren ganzen Implikationen erschließen; denn sie sind mit dem lange gehegten Traum der gemeinsamen Utopie untrennbar gekoppelt. Braun wagte nicht einmal zu suchen, was selbst der „bodenlose" Dichter Hölderlin gefunden hat. Die gefühlte Erschütterung der Lebensgrundlage im Sog der Wiedervereinigung, speziell der wirtschaftlichen Einheit,[140] ist mehr als plakativ.

## 1.3. Über die Lyrik hinaus

Die DDR-Dichter, welche mitten in der Wendezeit an Identitätsverlust leiden und sich nur schwer an die kapitalistischen Marktgesetze anpassen konnten, melden sich. Der Band erlaubt einen Blick auf das Bewusstseinsspektrum der Betroffenen in der Übergangsphase von einer sozialistischen Gesellschaft zu einer kapitalistischen. Die Lektüre solcher Texte gibt den Anlass, über die große Frustration in den neuen Bundesländern nachzudenken.

Die Begleitumstände der Wiedervereinigung wurden von Braun mehrfach lyrisch dokumentiert. Genannt werden aktuelle Probleme, etwa die randalierende rechtsradikale Jugend von Hoyerswerda:

Hoyerswerda, wo liegt das? Finsterste Welt
Lessing im Gulli mit eingetretener Stirne
Der Lehrer auf dem Marktplatz im reißenden Rudel der Schüler
ICH HABE IN VIERZIG JAHREN NICHTS GELEHRT
Ich vor meinen Lesern Helm im Gesicht
Den Plexiglasschild in Händen Tränengas.[141]

In den Kalendertexten des Bandes, etwa in „Die Leute von Hoywoy(2)", legt Braun angesichts randalierender Rechtsradikaler in Hoyerswerda eine Analyse vor. Einst hatte Braun ein Loblied auf die Arbeiter desselben Orts geschrieben:

---

[140] Die wirtschaftliche Einheit fand früher als die politische am 3. Juli 1990 statt. An dem Tag wurden die Waren in den Regalen der Geschäfte im Osten fast sämtlich durch die westlichen ersetzt. Das Gedicht „Mein Eigentum" wurde im August desselben Jahres geschrieben.
[141] Volker Braun: *Zickzackbrücke*, S. 92.

„Bericht der Erbauer der Stadt Hoywoy". „Die Leute von Hoywoy", die einst
derart selbstbewussten Arbeiter, fühlen sich nun, dem Text zufolge, wie Fremde
im Ausland; sie wurden von der Ungeduld getrieben, „nicht die Letzten im Staat,
nicht die Allerletzten" zu sein.[142]

Ein anderes Beispiel: Angesichts der berghohen Deponie von DDR-
Büchern etwa, die aus ganz Deutschland zum Leipziger Lager zurückgebracht
wurden, in der Klasse von den Schülern in den Papierkorb geworfen wurden und
alle zum Verbrennen bestimmt waren, wird die Mühe eines Mannes, der die Bü-
cher retten will, festgehalten:

> In einem Stall von 100 m Länge
> Liegt der Mist bis an die Decke
> MÜLLER MATERIAL MICKEL MAKULATUR
> Eingeschweißt auf Paletten
> Pfarrer Weskotts Aufgesammelte Werke
> Aus dem Sturzacker des staatlichen Großhandels
> Bei Espenhain das BROT FÜR DIE WELT
> Die Rieselfelder der Hochkultur.[143]

Braun will zu der Bücherverbrennung einer neuen Art selbst nicht schweigen.
Hier schreibt er, um den Verlust festzustellen: „Schreiben im Schredder":

> WARUM SCHWEIGEN DIE DICHTER schämen sie sich
> Ihrer Handschrift mit dem Stallgeruch
> Des Staats, der in den Schredder kommt
> ERRUNGENSCHAFTEN zum Schleuderpreis
> [...]
> In die Wunde, wie viele Possen
> Muß ich reißen für einen Moment des Erschreckens.
> Schreiben im Schredder

Hier erscheint die Schattenseite der Wiedervereinigung. Stichworte sind: Sys-
temwechsel, soziale Folgen, Identitätskrise, Utopieverlust, Zivilisationskrise so-
wie Revision der Autorenrolle. Eine intensive Auseinandersetzung mit dem ge-
sellschaftlichen Umbruch scheint eine der möglichen Aufgaben des Dichters zu
sein.[144]

---

[142] Ebd.
[143] V. Braun: *Lustgarten. Preußen*, S. 164.
[144] Hierzu vgl. Frank Thomas Grub: *‚Wende' und ‚Einheit' im Spiegel der deutschsprachigen
Literatur*. Bd. 1 *Untersuchungen*, Berlin/ New York 2003, S. 425ff.

## 2. *Vaterlandkanal. Ein* deutsch-deutsches *Fahrtenbuch*
## Uwe Kolbe

### 2.1. Zwischen zwei Deutschland

Manche Lyriker haben deutsch-deutsche Fahrten als eine typische Erscheinung für die Zeit der Teilung des Landes dichterisch gestaltet. Häufig war das verbunden mit dem gebremsten Wunsch nach Ausreise – in Form der jugendlichen Sehnsucht wie bei Sarah Kirsch. Wolf Biermanns Balladenbuch *Deutschland. Ein Wintermärchen* (1976) ist ein intensives Beispiel. Einige Zeit danach, kurz vor der Wende, gab auch Heinz Czechowski mit dem Gedicht „Deutschland 1986" ein prägnantes, brisantes Reisebild, das im Kapitel II, 3, erwähnt wurde.[145] Hier sei es zur Erinnerung wieder zitiert:

> Von Kaisborstel nach Tielenhemme
> Fährt mich K. mit seinem
> Turbogetriebenen Superautomobil
> Übern Nordostseekanal, auf dem ein
> Eisbrecher das Wasser öffnet,
> Aber das Eis sich hinter ihm
> Gleich wieder schließt.
> Alles ist metaphorisch, sagt K., und ich
> Widerspreche ihm nicht.
> Nach einer stummen Umarmung
> Sitzt S. mir am Tisch gegenüber,
> Jeden Blickkontakt meidend. Doch unser Gespräch
> Setzen wir fort, als hätten wirs erst gestern
> Abend in Halle beendet.
> Später, allein mit dem Hund,
> Gehen wir zwischen den beiden
> Meeren unter der Starkstromleitung,
> Die, glaube ich, immer noch
> Deutschland mit Deutschland verbindet.
> Mehrere Horizonte
> Lassen uns Städte ahnen, Atom-
> Meiler, Wieder-
> Aufbereitungsanlagen, Panzer, Soldaten.
> Der Himmel drüber
> Verkündet ein großes Verhängnis,
> Das kommen wird, während ein Bauer
> Seinen Mercedes am Eiderdeich parkt,
> Um sich nach dem Preis zu erkundigen. So
> Vergehen die Tage, bis ich über Heide und Hamburg
> Nach Hause zurückkehre,
> Wo alles noch so ist,
> Als wäre ich niemals im anderen Deutschland gewesen.

---

[145] Vgl. hier S. 55f.

Abends gehe ich ins Theater,
Um mir noch einmal mein Stück anzusehen.
Ach, welch Langmut
Kennt die Geschichte: seit fünfzig Jahren
Keine Veränderung, transparent
Schimmert die Hoffnung aus den Kulissen und
Kaum erreichbar.[146]

Den Reisenden befremdet, wie erwähnt, die Landschaft wie die Menschen, auch das Wiedersehen nach Jahren. Unterschiede zwischen Gesellschaften, der vertrauten sozialistischen und der befremdenden kapitalistischen im Westen, fallen ihm auf. Es kommt zum Vergleich. Ab und zu sieht man ideologisch geprägte Denkmuster: das bedrohliche militärische Klima usw. Nach der Heimkehr befremdet einen dann die Heimat. – Davon weichen andere Darstellungen der deutsch-deutschen Reisen anscheinend nicht viel ab. So war es kurz vor der Wende. Nun ist es anders:

Ein Gedichtband, der im Jahr der deutschen Einheit erschien, trägt den Untertitel „Fahrtenbuch", steht innerhalb sehr weniger Jahre für eine andere Zeit: *Der Vaterlandkanal. Ein Fahrtenbuch* (1990). Der Verfasser ist Uwe Kolbe, ein Vertreter der letzten Autorengeneration der DDR, die hauptsächlich im Berliner Stadtbezirk Prenzlauer Berg siedelte und eine eigene Subkultur gebildet hatte. Der 1957 in Ostberlin geborene Dichter genoss schon früh die Unterstützung des älteren Dichters Franz Fühmann, wurde seitdem von manchen die große Hoffnung der deutschen Gegenwartslyrik genannt, und sein erster Gedichtband *Hineingeboren* (1980) galt als „Chiffre für eine ganze Generation".

Kolbes Generation, vor allem die Gruppe vom Prenzlauer Berg, kehrte sich von den ideologischen Bevormundungen stark ab und behauptete sich, kühn experimentierend, in den Winkeln des offiziellen DDR-Literaturbetriebs. Der ernüchterte Rückzug ins Private zählte zu ihren Charakteristika, und die Gruppe selber verstand sich als demonstrativ unpolitisch. (Wie selbst eine solche künstlerische Szene politisch überwacht worden war, erfuhr man erst nach dem Mauerfall, z.B. durch den Fall des Stasi-Diensts eines Gruppenanführers Sascha Anderson.) Dabei waren ihre Haltung wie ihre Werke nicht bloß privat-persönlich, sondern von der Gesellschaft geprägt; die ganze Generation war nämlich hineingeboren in den „Real"-Sozialismus. Und Kolbes Debüt in der literarischen Szene der DDR war gerade in jenem November des Jahres 1976, in dem Wolf Biermann ausgebürgert wurde. Neben dem ersten Gedichtband, dem Selbstporträt dieser Generation, verrät schon sein dritter Band [*Bornholm II* (1986)] eine starke gesellschaftliche wie politische Orientierung. Uwe Kolbe durfte seit 1987 in den Westen – in die BRD, nach Amsterdam, in die USA usw. – reisen und hatte seit 1988 in Hamburg seinen zweiten Wohnsitz, was aber keinen Dauersitz, sondern gewissermaßen eine begonnene Odyssee bedeutete. Die deutsche Wende erlebte er außerhalb der DDR.

---

[146] Heinz Czechowski: *Kein näheres Zeichen*. Halle/ Leipzig 1987, S. 97.

## 2.2. „Hans Heimatlos"

Mit dem Untertitel „Ein Fahrtenbuch" steht der ganze Band demonstrativ für die Wendezeit. Die Position des Autors ist die eines Heimatlosen. Die erste Zeile des ersten Gedichts heißt lakonisch: „Ich habe ein Land verloren." In einem anderen Gedicht stellt sich der Autor selber als Dichter aus dem Osten, aber als „Hans Heimatlos", vor:

> – Erlebnislyrik, große Not, ein feuchtes
> Überborden, Hans Heimatlos der Name.
> Kam hergeschwommen, ließ es hinter sich,
> Sein Wilhelmsstrand, sein Vaterlandkanal.
> — „Hamburgischer Frischfisch"[147]

An diesem Zitat, einer Berichterstattung über die Lage, mit der Aneinanderreihung der Nomen –, „Erlebnislyrik, große Not, ein feuchtes | Überborden, Hans Heimatlos der Name" – ist eine bemühte Distanz spürbar. Eine eventuelle emotionale Klage über die erschütterte Existenz wird vermieden. Mit einem leicht burlesken Ton – „Hans Heimatlos der Name. | Kam hergeschwommen" – scheint ein Ausgleich gewonnen zu sein.

Der „Vaterlandkanal" ist fiktiv. Es gibt zwar Landwehrkanal, aber ein Kanal mit solch einem Namen ist in oder um Berlin nicht auffindbar. Eben dort aber, woher der Autor stammt, finden sich viele Kanäle. Mit seinem übertrieben patriotisch getönten Namen steht der Kanal wohl für einen der typischen Berliner Stadtkanäle, wie sie durch die Stadt fließen. Von hier gehen allerdings seine Reisen in tatsächliche und imaginäre Gegenden aus; der Autor, der mit einem DDR-Visum in den Westen gelangte, skizziert Eindrücke und Empfindungen davon in präzisen lyrischen Bildern. Sie sind meist Reisebilder, aber nicht solche eines naiven Touristen. Jemand, dessen Staatsangehörigkeit während seiner Reise radikal in Frage gestellt wird, registriert und dokumentiert diesen Heimatverlust. Der Dichter hat zum Zeitpunkt der Buchveröffentlichung nach dreißig Jahren in der DDR drei Jahre in der BRD verbracht. Ein lyrischer Bericht Uwe Kolbes über eine seiner deutsch-deutschen Reisen lautet:

**Hamburg-Waltershof**
Für Sieglinde und Fritz Mierau

Die Brücken gehn fort,
ich schau ihnen nach und schluck. Die
Brücken, beschleunigt, ich habe kein Wort.
Wo wir doch plaudern ununterbrechbar
und gehn an dem zollfreien Raum.
So dicht war ich nie ans Wasser gebaut.
Wir plaudern über ein Land, das eben
sich nähert auf diesem Fluß.
Es ist ein Papierboot. Wir haben

---

[147] Uwe Kolbe: *Vaterlandkanal. Ein Fahrtenbuch*, Frankfurt/Main 1990, S. 37.

es selbst gefaltet, auf Kiel gelegt.
Die Augen, sag ich noch, brack
wie die hiesigen Wasser, darinnen
Gezeiten, vermutlich vom Mond gezerrt,
und eine Brücke läuft fort und sinkt,
sie sinkt untern Fluß mit dem Lärm.
Dort oben treibt das Land aus Papier,
es winken herab die Bewohner, wir selbst
erörtern die Perspektive[148]

Es geht um eine Betrachtung am Ufer. Den biographischen Daten des Autors entsprechend kann man genauer vermuten: am Elbufer. Aus der DDR kommend bestimmt die Elbe mit ihrem regen Schiffsverkehr das Bild Hamburgs. Vor einigen Jahren saß und sang an demselben Ufer der in seine Heimatstadt „hergeschwommene" Wolf Biermann; noch früher war Hamburg das Ziel der bekannten Deutschland-Reise Heinrich Heines, die er nach zwölf Jahren in seinem Pariser Exil antritt; und beide Dichter verfassten *Deutschland. Ein Wintermärchen* im Jahr 1844 und 1976. In dem Band *Vaterlandkanal. Ein Fahrtenbuch* (1990) kann man eine gewisse Reminiszenz an diese beiden *Wintermärchen* hören – aber poetisch, nicht polemisch gestaltete. Ob mit diesem Band eventuell sogar ein drittes *Deutschland. Ein Wintermärchen* unternommen wurde? Unverkennbar ist jedenfalls die Mühe, der imaginären Reise eine historische Prägung zu verleihen: eine „Erlebnislyrik" in einer ganz bestimmten Phase der Zeitgeschichte.

„Die Brücken gehn fort, ich schaue ihnen nach und schlucke. Die | Brücken, beschleunigt, ich habe kein Wort." So beginnt das Gedicht. Und das Fazit lautet: „[W]ir selbst erörtern die Perspektive." Hier geht es also um eine Reise von gravierender Bedeutung, die sich aus unterschiedlichen, sogar polarisierten Perspektiven sehen lässt. Von einer Fahrt wird erzählt, und zwei Erzählebenen mit unterschiedlichen Subjekten sind dabei verschränkt: eine mit „Wir" und eine andere mit „Ich". Nun ist es nicht einmal deutlich, welche wem zuzuschreiben ist. In den Wir-Gruppen ist die Perspektive stark verschwommen, während in den Ich-Gruppen dieselbe relativ deutlich ist. Aus diesem Schillern schöpft das Gedicht seinen eigenen Charakter. Der Leser kann zum einen am Ufer stehen und von dort aus die Perspektive des Beobachters übernehmen, und zum andern kann er aber im Schiff bleiben und die des Fahrgastes wählen.

Die Brücken sollen fortgehen und sich beschleunigen. Die Blickrichtung ist verkehrt: Nicht etwa ein Ich fährt, sondern die Brücken gehen fort. Die Brücken gehen aber fort, wenn man mit dem Schiff unter den Brücken vorbeifährt und von dem Schiff aus schaut. Bis Zeile 6 geht es unfehlbar um die Perspektive von Fahrenden. Ab Vers 11 bis Vers 13 geht es wieder deutlich um das eigene Gefühl des Subjekts: „Die Augen [...] brack | [...] dadrinnen | Gezeiten, vermutlich vom Mond gezerrt." Nach dieser Unterbrechung sind die Verse 14-16 wieder eine Fortsetzung des ersten Teils, bleiben aber nicht mehr auf der realen Ebene:

---

[148] Ebd., S. 35.

„[U]nd eine Brücke läuft fort und sinkt, | sie sinkt untern Fluß mit dem Lärm. | Dort oben treibt das Land aus Papier." Der Hauptstrang, der eigentliche Reisebericht, ist hier durch den wiederholten Einschub der Gefühlsebene beziehungsweise der subjektiven Ebene ins Imaginäre gesteigert. Am Schluss (V. 16-18) sind neben dem „wir" auch die „Bewohner" am Strand präsent.

Schillernd ist die Perspektive in den Teilen, wo an Stelle des Ich das Kollektiv steht: V. 4f., V. 7-11 und die letzten drei Zeilen. Die Tätigkeit dieses Wir ist sehr begrenzt, monoton und banal: Wir „plaudern" nur immer wieder und „erörtern"; die des Ich ist passiv, vom Gefühl getragen und ernst. Das Ich schaut den fortgehenden Brücken nach, schluckt, hat kein Wort, erinnert sich, beziehungsweise reflektiert – „Wir haben | es selbst gefaltet, auf Kiel gelegt" – und berichtet schließlich über seinen jetzigen emotionalen Zustand: „So dicht war ich nie ans Wasser gebaut". Oder: „Die Augen [...] brack | wie die hiesigen Wasser".

Dabei plaudern „wir" „ununterbrechbar". In dem Gespräch geht es um ein Land, das sich auf diesem Fluss nähert. Wenn man versuchsweise die Perspektive den Schiffspassagieren, den auf der Elbe fahrenden DDR-Bürgern also, zuschreibt, dann wird es deutlich, worum es geht. Der Stoff zum ewigen Plaudern könnte das Land sein, das eben sich nähert auf diesem Fluss, das Gelobte Land, der Westen mit seinem kapitalistischen Wohlstand. Es ist aber ein „Papierboot", auf Sand gebaut. Am Ende treibt es selbst: „Dort oben treibt das Land vorbei", und „es winken herab die Bewohner" des Landes.

Dieses „Papierboot" sollen „wir" selbst gefaltet und auf Kiel gelegt haben; darin sind die gemischten Gefühle verdichtet, wie sie an der Novemberrevolution teilgenommen und endlich die Öffnung, aber auch den Untergang des Staates herbeigeführt haben. Es lässt sich ebenso die verhaltene Traurigkeit des Ich, des betroffenen Einzelnen, ablesen, der etwas in ihm Hochgestiegenes herunterschlucken muss. Er hat keine Worte, muss die Tränen in seinen Augen den Gezeiten zuschreiben, indem er extra betont, dass Ebbe und Flut, die das Auge immer wieder vollaufen lassen, vom Mond verursacht seien.

Die Lage des nun heimatlos Gewordenen kommt in einem anderen Gedicht noch direkter und konkreter zu Wort:


HAMBURGISCHER FRISCHFISCH
Für Monika Tappe

Ganz ungesehen, unspektakulär
wachsen dem Angekommenen mehrfach Arme
Und fallen lautlos ab. Das hat im Westen
Der Hafenstadt sein Zugetragensein.
Der Tintenfisch knetet sein Gummifleisch
In dem Sozialbauviertel aus, wird fahl
Davon, wird schal davon (Ein Frischbier, rasch!)
– Erlebnislyrik, große Not, ein feuchtes
Überborden, Hans Heimatlos der Name.

Kam hergeschwommen, ließ es hinter sich,
sein Wilhelmsstrand, sein Vaterlandkanal.
Sein Sonderangebot der frische Arm,
kein Menetekel, keine Glyfe, schnittlos
gefallen auf den schlicken Elbestrand.
Kein Brandauswurf, ein Unikat, ein Ost-,
ein Arm, elastisch und wohlfeil zu haben.
– ein Murren geht den Fischmarkt auf und ab.
Das Publikum hatte sich mehr versprochen.
Wenn schon kein Blut fließt, dann doch bitte Tränen.[149]

Als eine billige und gesunde Arbeitskraft auf dem Markt im „Westen (der Hafen-stadt)" ist der Heimatlose mit „Frischfisch", einem Oktopus, verglichen, der, um zu leben, sein eigen Fleisch fast zu Tode kneten muss – weiter zugespitzt: „Sein Sonderangebot der frische Arm" ist „gefallen auf den schlicken Elbestrand." Die Tragik der Szene wird mit der Distanzierung in den Schlusszeilen ausbalanciert: „Das Publikum hatte sich mehr versprochen. | Wenn schon kein Blut fließt, dann doch bitte Tränen."

Die Wahrnehmung ist im Ganzen durch eine Spannung geprägt, die von den Anstrengungen herrührt, die fremde Umgebung, die neue Welt, mit dem Blick zu erfassen und zu notieren – immer wieder mit der eigenen Vergangenheit ver-gleichend. Ein Gedichttitel „Dies" etwa ist deutlich striktes Zeigen, drückt wohl auch den Willen zur Bestandsaufnahme aus. Man kann „Dies" aber auch latei-nisch lesen: als ein Bericht vom „Tag":

Dies

Dies immer aus den Augen schauen müssen. Und wie-der geht ein Tag auf. Musik steigt giftig hinzu. Be-wegst du dich, gehst du schon, geht es schon wieder. Die Autos beginnen das Fahren. Das Atemlose hebt an. Das nicht zu Atmende verdrängt die Luft. Den Namen des Mediums vergessen. Es hängt dir in Fet-zen. Dies ist des Menschen höchstes Gut. Törichter Erfinder der gestrige Tag.

Du hast eine Grenze passiert. Ein zweiter, gleich hin-ter dir, starb. Es stirbt dir so oft ein Nachbar. Da grübelst du wieder. Ein Mittelmeerhimmel über Mecklenburg. Ein Schaum, der heißt Niedersachsen. Statt Menschenwegen derselbe Beton. Dein Pathos dreht sich im Schlüsselloch der Sozialbauwohnung. Da stürzt das Gedicht hinterdrein. Du hast deinen Na-men aufgelassen. Du warst wohl mal schön.[150]

---

[149] U. Kolbe: *Vaterlandkanal*, S. 37.
[150] Ebd., S. 80.

Der Text ist ein bedacht gebautes Sprachgefüge, trotz des Anscheins einer beliebig in zwei Teile gegliederten Prosa. Der Stellenwert jedes Wortes scheint bedacht zu sein. Zwischen dem eventuellen Fetzen und dem „Fet-|zen" liegt ein großes Spannungsfeld, da es nicht um etwas Ganzes, sondern gerade um die „Fetzen" geht; wie auch in einem „Na-|men", der eine nicht mehr heile Identität andeutet.

Es wird in erstarrter Haltung gezeigt und erzählt. Die schon im Satzbau konkretisierte Anstrengung ist auch dem Druckbild abzulesen. Ein Grundprinzip ist dabei Kontrast. Kontrast herrscht zwischen dem ersten und dem zweiten Teil, wie auch innerhalb des zweiten Teils.

Die Erzählhaltung ist vom ersten Satz an ganz erstarrt. Unmittelbar wird auf „dies" gezeigt. Es wird also Aufmerksamkeit verlangt, Aufmerksamkeit auf die Lage. Es ist eine Art Lagebericht über die Hektik, aufgenommen von einem Subjekt, das all das fast bis zum Erlahmen – „Bewegst du dich, gehst du schon, geht es schon wieder" – erduldet. Anscheinend hat es sogar selbst mit den elementaren Bewegungen Schwierigkeiten; dem Subjekt kommt nämlich jede Stufe einer Bewegung ins Bewusstsein.[151] Auch die natürlichen Phänomene verlieren ihren eigentlichen natürlichen Lauf. Beispielsweise beginnen die Autos hier „das Fahren", nicht etwa „beginnt zu fahren" oder „fährt los".

Die Aussage des Gedichts verschließt sich stellenweise einer einfachen Lektüre: was bedeutet u.a. das „Medium" in dem Satz „Den Namen des Mediums vergessen." oder wer ist „Törichter Erfinder"? Erst durch Nachdenken kommt man darauf, dass jenes Medium, das „Dir" in Fetzen hängt, die Sprache mitsamt dem Gedanken sein kann. (Denn es sei gerade des Menschen höchstes Gut, und das Subjekt ist ein Dichter, der mit der Sprache umgeht.) Weil diese nun „in Fetzen" hängt, sprengt eine durchbrechende Destruktionskraft sowohl das Wort als auch die Einheit des Satzes. In der Folge zerbricht der letzte Satz ganz und weicht, auf die Wiedergabe fragmentarischer Gedankenfetzen reduziert: „Törichter Erfinder gestriger Tag." Im Zusammenhang mit dem betonten Wort „Tag" klingt auch der Titel „Dies irae", der alten, bei der Beerdigung gesungenen Requiemsequenz, mit. Nur soweit ist er zu entziffern: dass die Vergangenheit vom Subjekt aus der jetzigen Perspektive zynisch negiert wird oder dasselbe die unvermeidliche Erinnerung quält. Das Subjekt kann sich immer noch nicht zurechtfinden.[152] Rigoros kommt alles auf den Prüfstand. Eine starke Hemmung hindert bei allem. Eine gesteigerte Sensibilität zeugt von einem wunden Subjekt, dem keine Luft mehr bleibt, um zu sprechen. Der Satz zerbricht also, als gelte es, eine Sprache zu finden, die sich dem stummen Leid des Subjekts in Bezug auf die

---

[151] In einer um ein halbes Jahr älteren Fassung heißt es ehrlich: „Bewegst du dich, gehst du schon, geht es nicht."

[152] Mit Hilfe der älteren Fassung könnte man den Gedankenfetzen des Autors besser nachvollziehen. Hier will ich aber lieber auf zwei Tatsachen aufmerksam machen: erstens, dass ein Text prinzipiell für sich betrachtet werden sollte; zweitens, dass der Autor nach kurzer Zeit den Text beträchtlich korrigiert hat.

Vergangenheit eher zu verbergen oder mimetisch anzugleichen vermag, statt es in einer ästhetischen Form zu artikulieren.

Die Erinnerung an die Vergangenheit ist schmerzhaft. Da es aber zur Reflexion über die Vergangenheit kommt und man über Vergangenes schließlich eine bessere Übersicht hat, wird die Aussage im zweiten Teil relativ deutlich, und auch der Satzbau ist nicht so erstarrt. Erzählt wird zunächst vom Grenzübergang, damals eine gefährliche „Republikflucht", nachdem der allgemeine Schießbefehl erlassen wurde.

Einer fortbestehenden Tragik – Resten jener echten Tragik in den Dekaden der deutschen Teilung – steht der (absurde) Alltag der Zeit gegenüber, die keinen Rahmen mehr für Helden oder echte Tragödien bietet: „Es stirbt dir so oft ein Nachbar." Die anachronistische Tragik, welche die geschichtlich bedingten Umstände verursacht hat, wird – durch die Distanzierung des Autors – von der Realität übertönt. Die „Weltende"-Situation ist längst zur Alltäglichkeit geworden – man erinnere sich an das Gedicht „Weltende" von Jakob van Hoddis, das die markante Expressionismus-Anthologie *Menschheitsdämmerung* (1919) eröffnete: „Dem Bürger fliegt vom spitzen Kopf der Hut, | In allen Lüften hallt es wie Geschrei.[...]" („Weltende"). Mit Kolbe heißt es: „**die schuldigen** | sterben, leider, meist | an schnupfen | in einem großen bett | nahe beim flughafen | also | eines natürlichen todes" („die schuldigen")[153] Generationen später fühlt sich diese Weltendesituation noch aktuell an.

Über diese absurde Lage in der neuen Welt grübelt das lyrische Ich nach. Da taucht sehr gedämpft, aber deshalb umso deutlicher, Heimweh auf. „Ein Mittelmeerhimmel über Mecklenburg". Mecklenburg – ein Mittelmeer! Da steht kein Adjektiv, kein Verb, nur das Angebot eines Substantivs: „Mittelmeerhimmel". Nach dem kurzen Aufblitzen einer Idylle setzt sich die Realität fort. Sie wird nur genannt: „Ein Schaum, der heißt Niedersachsen – | | Statt Menschenwegen nur Beton." Da gibt es anscheinend keinen Raum für die Reste des menschlichen Gefühls: „Dein Pathos dreht sich" erst „im Schlüsselloch der Sozialbauwohnung". In diesem Satz entlädt sich eben die gesamte aufgestaute Energie. Sozialbauwohnung und Pathos – schon wieder ein krasser Kontrast. „Da stürzt das Gedicht hinterdrein." D.h. der Mensch ist schon vorher gestürzt, was aber hier nicht erwähnt wird. Dieses Stürzen in die Sozialwohnung ist wie eine Momentaufnahme der Existenz eines „Hans Heimatlos" im Westen. Angesichts dieser Realität reflektiert er über die alte Identität: „Du hast deinen Namen aufgelassen"; den Namen hergeben / preisgeben, also keine Identität mehr. Es bleibt nur die Erinnerung daran: „Du warst wohl mal schön."

Immer schaut er aus den Augen auf die Realität einer schäbigen Existenz. Sein gestörter Monolog notiert „Verlustanzeigen und Heimwehprotokolle" in dem grauen Alltag der neuen Welt. Der Schmerz vergrößert die Aufnahmefähigkeit der Sinne und verhindert zugleich ein natürliches Aufnehmen der Realität.

---

[153] Mit meiner Hervorhebung.

Immer wieder ist da das Bewusstsein seiner Lage und Selbstreflexion. Nie fehlt eine Prüfinstanz. Sie hemmt immer die natürliche Bewegung der Sätze. In dieser Umgebung fällt eine glatte Wendung umso mehr auf: „Ein Mittelmeerhimmel über Mecklenburg" – diese verhaltene Sehnsucht ohne Sentimentalität beeindruckt den Leser. Sie liegt über all der Hektik und Tragikomik der Zeit und gibt dem trockenen Text einen lyrischen Ton.

Mit Kolbes Generation wurde ein Konsens gebrochen. Für die vorangegangenen DDR-Schriftsteller blieb die DDR – ungeachtet der geographischen Herkunft – die seelische Heimat, als ein „besseres" Deutschland, in dem es den Sozialismus zu verteidigen oder noch aufzubauen galt. Uwe Kolbe erklärte 1984 ausdrücklich, er habe noch keine Heimat gefunden. Sein Kollege Durs Grünbein hat noch im Jahr 1989 Deutschland „O Heimat, zynischer Euphon" genannt.[154]

Daher fällt diese Sehnsucht auf. Denn sie scheint mit der Neueinschätzung der Heimat zu tun zu haben. Vom Westen her sieht Kolbe seine alte Lage in der DDR in ganz neuer Perspektive. In der erwähnten älteren Fassung ist die Sehnsucht noch nicht gestaut, sondern entlädt sich in den weiteren Strophen des Gedichts und in den anderen Gedichten des Zyklus in eine gewisse Privatheit: Er erinnert sich an seinen Vater, der für die westlichen Touristen ruderte: „Für Groschen ruderte er Mädchen zu Skippern, die keinen Landurlaub haben wollten. Schon damals ein Wurm zwischen Deutschland. Was | schämst du dich deiner Tränen. Die Elbe nimmt sie nicht krumm. Wer weiß wohin wir noch kommen, | erst einmal zurückgekehrt, erst einmal so leicht."

Nun ist also das lange gesperrte Land geöffnet beziehungsweise verschwunden. In dem Sonett „Für den Anfang" kommt die Heimat ohne Zynismus, ohne Selbstkontrolle, ins Bewusstsein:

Ich will es hier zu Anfang gleich gestehen,
wie das Gewissen mir noch immer schlägt,
und sie, fernab, mir stets vor Augen steht,
die Heimat, die zugleich ich lauthals schmähe.

Liebe Freunde, halb im Wohl und ganz im Wehe,
wenn mir der Westfraß oft den Darm aufbläht,
liegts daran, was die Elbe mir herträgt.
Da wird die zarteste Taube letztlich zähe.

Wähnt Mutter nicht mich im Schlaraffenlande?
Spricht Vater nicht Treue ab Tugend an
Und deutet seltsam heimlich auf die Reußen?

Ich aber suche, landets dreist im Wahne,

---

[154] Hierzu siehe man auf der Seite 94f.

ein undeutsch und drum ungeteiltes Land,
gleich weit entfernt von Daimlerland und Preußen.[155]
(1988)

Hier wird schlicht gestanden, was die westliche Welt dem Autor aus dem Osten bedeuten kann: Der Ort, wo er „die zarteste Taube" in diesem Schlaraffenland wegen Übersättigung nicht verdauen kann, und diese dadurch schließlich zäh wird. In seiner eigenen – im Vergleich mit den vorangehenden Generationen, etwa dem heimwehvollen Wolf Biermann – privilegierten Position zwischen beiden Deutschlands kommt er sich selber wie „ein Frosch auf dem Mittelstreifen der Autobahn" vor. Das Sonett schließt: „Ich aber suche", deshalb aber „endets dreist im Wahne". Am Schluss steht dann eine Utopie: ein Land, „gleich weit entfernt von Daimlerland und Preußen".

Weil dies bloß eine Utopie bleibt, ist er gegenüber der Realität ohnmächtig. Er ist sich aber sicher, dass er sein Land verloren hat. Der Dichter kann nur danach tasten, schmerzhaft, wie mit „wunden" Fingern, sowohl mit der Sprache als auch mit der Seele. Ihm stehen „die Berge darin noch vor den Augen". Dennoch wünscht er: „Wäre gut, wo man herkommen könnte". Die Heimat wie die Geborgenheit lässt sich schwer finden. Nur Gedichte darüber kann man vielleicht noch schreiben – vielleicht unter harten Bedingungen, wie hier unter denen der Teilung des Landes. Weil ein Dichter in einer Welt, wo er sich immer wieder überflüssig findet, mit der Sprache auskommen muss, und weil ein Satz um den Preis geschrieben ist, dass sich das verhaltene Pathos des Dichters wie im Schlüsselloch der Sozialbauwohnung dreht, besitzt ein „Mittelmeerhimmel über Mecklenburg" noch Schönheit – und eine geschichtlich bedingte Einmaligkeit.

## 2.3. „Deutschland, alter Baum"
Auf der Rückseite des Buches finden wir das letzte Gedicht des Bandes nochmals gedruckt.

### Tübinger Spaziergang

Deutschland
alter Apfelbaum
niedergeschnittenen Stammes,
einer seiner dürren Zweige
trägt den letzten, roten Apfel,
den ich pflück und esse,
meinen Hunger stille,
ob mir auch der Magen brennt.[156]

---

[155] Uwe Kolbe: *Renegatentermine. 30 Versuche, die eigene Erfahrung zu behaupten.* Frankfurt/Main 1998, S. 15.
[156] U. Kolbe: *Vaterlandkanal*, S. 86.

„Deutschland, alter Apfelbaum" – diese Art euphorischer Anrede verlangt Aufmerksamkeit. Auftaktlos beginnt das Gedicht und will ein Nachdenken über die politische Lage des Landes sein. Es geht hier um Deutschland, und die Rede ist von einem Apfelbaum. Alles kommt einem irgendwie vertraut vor; im Hintergrund scheint nämlich Hölderlin mit seinem häufigen Nachdenken über Deutschland und die Deutschen auf, aber auch andere bekannte lyrische Vorlagen in Bezug auf Deutschland. Vor allem klingt hier der Heine-Ton mit, denn die naive Anrede erinnert kurz an dessen berühmte Verse: „Deutschland meine ferne Liebe, | Gedenke ich deiner, weine ich fast" („Anno 1839")[157] – So war die Lage eines Dichters, der halb gezwungen, halb freiwillig Deutschland verlassen musste und zu Deutschland politisch ein gespaltenes Verhältnis hatte, emotional aber immer Liebe und Heimweh verspürte. Ein anderer Apfelbaum in ähnlichem Zusammenhang erscheint in dem bekannten Brecht'schen Konflikt im Exil: „In mir streiten sich | Die Begeisterung über den blühenden Apfelbaum | Und das Entsetzen über die Rede des Anstreichers" („Schlechte Zeit für die Lyrik"). Hier hat Brecht seinen Konflikt um das Jahr 1939 ausschließlich deswegen aufgezeigt, um seine Stellungnahme umso deutlicher zu profilieren: „Nur das zweite treibt mich zum Schreibtisch".

Nun will das vorliegende Gedicht anscheinend für die deutsche Wende 1990 stehen. Wie weit fortgeschritten sind dann Haltung und Situation der von Brecht herbeigesehnten Nachgeborenen der finsteren Zeit? Nun sitzt dieser Dichter der damals jüngsten Generation beim Apfelbaum, um die Welt draußen anzuschauen. Er will davon aus aber nicht nur die blühende Welt anschauen, sondern auch die Situation seines Landes: „Die Rosen blühten in den Schrebergärten an der Mauer. Vom großen Apfelbaum aus sah ich *die deutsche Frage* rollen, als Volkswagen über die Bornholmer Brücke."[158]

Die Perspektive vom hohen Baum her ist die typisch romantische Position, die Welt anzuschauen. Man erinnere sich an das Gedicht von Eichendorff.[159] Handelt es sich also um einen Anachronismus?

Trotz alldem ist die Schönheit eines einzigen Apfels nicht zu übersehen, und ebenso wenig zu überhören sind am Schluss die Selbstironie und das Selbstbewusstsein, die gewisse epigonale Züge wie die Sentimentalität erträglich machen.

Blickt man nun auf die kulturelle Situation in der ehemaligen DDR zurück, fällt es auch unter den Autoren der jüngsten Generation auf, wie sehr ideologi-

---

[157] Heinrich Heine: *Werke, Briefwechsel, Lebenszeugnis. Säkularausgabe, Bd. 2 Gedichte und Versepen 1827-1844*, bearbeitet v. Irmgard Miller u. Hans Böhm, Berlin 1979, S. 73.

[158] U. Kolbe: *Vaterlandkanal*, S. 41.

[159] „Es steht ein Berg im Feuer, | In feurigem Morgenbrand, | Und auf des Berges Spitze | Ein Tannbaum überm Land. || Und auf dem höchsten Wipfel | Steh ich und schau vom Baum, | O Welt, du schöne Welt, du, | Man sieht dich vor Blüten kaum!" („Frühlingsgruß"), in: Joseph von Eichendorff: *Werke in sechs Bänden*, hrsg. v. Wolfgang Frühwald u.a., Bd. 1 *Gedichte Versepen*, hrsg. v. Hartwig Schultz, Frankfurt/Main 1987, S. 363.

sche Bevormundung seitens des Staates seelisch wie sprachlich bedrückt. In was für einer fatalen sprachlichen Umgebung die jungen Bürger der ehemaligen DDR erzogen werden, beweisen u.a. die Texte vom Pionierbuch. Die ganze Generation ist also nicht bloß in den Sozialismus hineingeboren, sondern auch in eine Welt der schwarz-weißen Denkschemata. Wie schwer man sich daraus befreien kann, bezeugen etliche provinzielle Züge und eine gewisse zeitliche Verspätung der DDR-Literatur im Großen und Ganzen. So waren die Schriftsteller praktisch mit der Schwierigkeit konfrontiert, buchstäblich sich selber auf eine eigene Sprache zu trainieren. Auch in *Vaterlandkanal* tauchen häufig Wendungen auf wie „die gespaltene Zunge", „mein Scherbenton" oder der Satz „Schamvoll geb ich noch eine Losung: Legt ab die verordnete Sprache" („Frühlinks" 1984).

Die Sprache – die große Thematik unserer Zeit. Seit einem Jahrhundert sind die Schwierigkeiten derer bekannt, die mit der Sprache umgehen. Kurz: Die Schriftsteller aus der ehemaligen DDR sind seit dem Mauerfall mit einer doppelten Barriere konfrontiert. Schon wenn man heutzutage ein Dichter ist und all seine physischen und psychischen Erlebnisse in Sprache umsetzen will, erlebt man tagtäglich die Grenze: die Unzulänglichkeit der Sprache, beziehungsweise des eigenen Könnens. Wenn man noch dazu plötzlich in einer neuen Welt, in der fremde Regeln herrschen, leben muss und sich darin als Wortkünstler behaupten und dadurch auf dem Markt überleben will, muss man wie der Dichter Uwe Kolbe dann zuerst einmal z.B. „den ironischen Text", „den Tonfall der westlichen Zeitung", zu begreifen wissen – und das, wo er doch einst unter überschwänglichem Los in eine literarische Welt eintreten durfte und „Hans im Glück" genannt wurde.

Nun hat der Dichter keine realen Trümmer um sich, er muss sich nicht – wie einst Günter Eich in seinem Gedicht „Inventur" – das Allernötigste zum Leben zusammensuchen und es sorgsam hüten. Dennoch geht es um einen gewissen Kahlschlag – einen Kahlschlag der eigenen Sprache –, und zwar mitten im Ansturm des Neuen. Der Lyriker weiß, dass etwas verloren ging. Danach sucht er. Er selber ist dabei kritisch und selbstkritisch und seine Sprache zugleich lustig und traurig, indem kühle Sachlichkeit und Märchenton irritierend gemischt werden. Aber der Titel des Bandes lautet immer noch **Vaterland**kanal, obwohl bekannt ist, dass das Wort Vaterland in der DDR aufgrund des Selbstbewusstseins der DDR-Bürger, die sich betont vom Faschismus absetzten, hemmungslos oft gebraucht wurde, während in der BRD kaum jemand das gleiche Wort in den Mund nehmen wollte. Erst seit der deutschen Wende hört man es auch dort öfter. Dennoch ist diese Pathetik noch einigermaßen befremdend – ein ästhetisches und politisches Risiko.

# 3. *Schädelbasislektion* und Neubeginn – „Descartes" im Schnee Durs Grünbein

## 3.1. Portrait eines jungen Künstlers: Herkunft

Mit dem befremdend unpoetischen Titel *Schädelbasislektion* markierte ein Gedichtband, kein Anatomiebuch, 1991[160] auf eigene Weise die Wende – die Frage hervorhebend, wie auf ganz eigene Weise ein Dichter dem zeitlichen und zeitlich bestimmten existenziellen Umbruch in seinem eigenen Metier begegnen kann. Auch sonst findet man in Grünbeins Gedichten eine befremdende Mischung von Poesie und Wissen, häufig in Sprachfetzen, mit einer gewissen Verlegenheit. Die einen sehen in ihm einen Gottfried Benn, die anderen einen Expressionisten, noch andere einen zeitgenössischen Barocklyriker. Mancher spricht von der „Poetik des Fragments" oder von „anthropologischem Realismus". Ein Gedichttitel darin zog schon mitten im Wirbel der Wende ebenso Aufmerksamkeit auf sich wie das Gedicht „Das Eigentum" von Volker Braun, dem man oft zuschreibt, der Wende ein Kennzeichen gegeben zu haben: „O Heimat, zynischer Euphon."

Die tradierte DDR-Thematik ist wieder aufgenommen; mit so viel Zynismus jedoch scheint dieses Gedicht ein Lagebericht zu sein – in völlig anderem Stil wie etwa Gedichte Uwe Kolbes.[161] Wie das Werk Kolbes aber bringt es das Gefühl einer Generation, der letzten Autorengeneration der DDR, zum Ausdruck.

### O Heimat, zynischer Euphon

So viele Flickbilder in den Künstlerhirnen,
Gewalt, durch Spiegelscherben exorziert,
– Uns nackte Welpen, Erben hoher Stirnen,
Hat man schon früh mit Nervennelken tätowiert.

Der kranken Väter Brut sind wir,
Der Mauern Sturzgeburt. ‚Tief, tief im Deutsch …' ertränkt.
Enkel von Städtebauern, Fleischbeschauern:
Jedem die fremde Wirklichkeit. (‚Geschenkt')

Noch Bombensplitter?! Gut für Stachelgaumen,
In violetten Babyschädeln installiert.
Sag, welche Schwester drückte ihren Daumen
Ins zarte Fontanell uns ungerührt?

---

[160] Durs Grünbein: *Schädelbasislektion. Gedichte.* Frankfurt/Main 1991.
[161] Dieses Gedicht findet sich sowohl in der Anthologie *Grenzfallgedichte* (1991) als auch in *Schädelbasislektion* (1991). In den *Grenzfallgedichten* sind zwei nebeneinander aufzuschlagende Seiten Durs Grünbein und Uwe Kolbe gewidmet.

Geröntgt, geimpft, dem deutschen Doppel-Klon,
Gebrochnen Auges, das nach Weitblick giert,
Böse verfallen sind wir, pränatal dressiert.
‚Deutschland?'... O Heimat, zynischer Euphon.
(Für Thomas Kling, 20/3/89)[162]

Das Schlüsselwort „Heimat", das in der ehemaligen DDR im Kontrast zu der Lage in der BRD ein Lobobjekt, ein „Euphon", war, wird hier in diesem Gedicht zwar aufgenommen, dann aber treffsicher widerlegt. Die Haltung ist der Welt gegenüber respektlos („So viele Flickbilder in den Künstlerhirnen"), sich selber gegenüber schonungslos, sowohl in den Selbstdefinitionen – „Der kranken Väter Brut", „der Mauern Sturzgeburt", „der deutsche Klon" – als auch in den Selbstbeschreibungen – „böse verfallen", „pränatal dressiert". Die Generationen bestimmende Sehnsucht nach außen wird hyperbolisch verzerrt: „Gebrochnen Auges, das nach Weitblick giert." Lieblos ist der Blick, trocken und zynisch, aber auch bizarr und barock ist der Stil – jedoch aufgrund der Realität.

Die Heimatstadt des Autors, die Barockstadt an der Elbe, wird in dem Band *Schädelbasislektion* als eine „[s]cheintote Stadt, Barockwrack an der Elbe | Schwimmend in brauner Lauge ..." bezeichnet. Die schöne Barockstadt von einst, eine noch fast tote Stadt seit der Katastrophe im Februar 1945, leidet nun[163] noch dazu unter starker Umweltverschmutzung.[164] Dementsprechend kann die Heimat nur auf zynische Weise als „Euphon" bezeichnet werden.

„Was du bist steht am Rand | Anatomischer Tafeln" – Diese Definition eröffnet den Band *Schädelbasislektion* und das erste Kapitel: eine Existenzfrage also in erster Linie. Es folgen die ohne Titel nur nummerierten Diagnosen über „[d]iese Scheiß Sterblichkeit". Das zweite Kapitel vermittelt „Niemands Land Stimmen", dem paradoxen Titel gemäß in gespaltener Sprache: Ihre Disparität verrät sich verschiedentlich, nämlich in häufigen Anglizismen, in extrem häufigen Zeilensprüngen, in der dualistischen Versform der Alexandriner, auch in den zersplitterten Satzpartikeln.

Blinder Fleck oder bloßer Silbenrest ...(-ich),
zersplittert und wiedervereinigt
im Universum
von Tag zu Tag,
Gehalten vom Bruchband der Stunden
Zusammengeflickt

---

[162] D. Grünbein: a.a.O., S. 111.
[163] Zur Zeit der Niederschrift dieser Gedichte, vor der Renovierung also.
[164] Die Statistik zu der Zeit um die Wende unterstützt diesen Blick eindrucksvoll: Nur die Umweltverschmutzung der DDR war wie bekannt höher als die der BRD, und zwar um das Dreifache, während die Produktivität der DDR auf allen Gebieten, sogar auf dem Gebiet der Landwirtschaft, nur ein Drittel von der der BRD betrug.

Stückweise
und in Fragmenten
„I feel so atomized."[165]

Die extreme Fragmentarisierung der Verse klingt außerdem wie ein Versuch, ein zersplittertes (Werte-)System, in dem sogar Individuen sich „atomized!" fühlen, auch im Druckbild zu realisieren.

Das dritte Kapitel „Der Tag X" konzentriert sich auf die Wende. Bemerkenswert sind „Sieben Telegramme" mit den Titeln „23/10/89", „1/11/89", „12/11/89", „26/12/89", „31/12/89", „15/1/90" und „13/3/90". Telegrammartig lapidar wird dort das Geschehen berichtet. Nach dem Berliner Mauerfall etwa („12/11/89"):

> Komm zu dir, Gedicht, Berlins Mauer ist offen jetzt.
> Wehleid des Wartens, Langeweile in Hegels Schmalland
> Vorbei wie das stählerne Schweigen ... Heil Stalin.[166]

Was am „Tag X" operiert und markiert werden kann, ist das Verschwinden von „Hegels Schmalland" oder „der Turm des Schweigens". Es wäre Zeit, neu zu schreiben: „Komm zu dir, Gedicht." Die Zeit danach, wie sie im vierten Kapitel noch gefasst wird, ist geprägt durch „[d]ie Leeren Zeichen". Was diese Leere der „Schädelbasis" einprägt, wird im Folgenden registriert.

## 3.2. „Portrait des Künstlers als junger Grenzhund"

Die Mitte des Bandes *Schädelbasislektion* bildet das fünfte Kapitel „Der Cartesische Hund", das mit dem gleich-betitelten Gedicht beginnt. Damit ist programmatisch angegeben, dass es hier um einen Hund geht, aber um einen denkenden. Gleich darauf folgen ein Bild vom Hund im Pawlowschen Versuch und die Widmung:

Portrait
des Künstlers als junger Grenzhund:

Zum Andenken an I. P. Pawlow
Und alle Versuchshunde
Der Medizinischen Akademie der
Russischen Armee[167]

Es geht um einen denkenden Hund, der aber ein Versuchstier ist, ans Gestell gefesselt, um schließlich bedingte Reflexe zu beweisen. Darauf folgen zwölf Gedichte, die bloß nummeriert sind. Das erste Gedicht „1" beginnt mit Begriffsbestimmungen zum Dasein des Hundes.

---

[165] D. Grünbein: a.a.O., S. 31.
[166] Ebd., S. 61.
[167] Ebd., S. 92f.

**1**
Hundsein ist ein leerer Parkplatz am Mittag.
„Nichts als Ärger ...“ und Seekrankheit an Land.
Hundsein ist dies und das, Lernen aus Abfallhaufen,
Ein Knöchel als Mahlzeit, Orgasmen im Schlamm.
Hundsein ist was als nächstes geschieht, Zufall,
Der einspringt für Langeweile und Nichtverstehen.
Hundsein ist Kampf mit dem stärkeren Gegner
Zeit, die dich schwachmacht mit rennenden Zäunen.
Sovieles an Vielzuvielem auf engstem Raum ...
Hundsein ist diese Fahrt mit der Geisterbahn
Sprache, die trickreich den Weg verstellt,
                          Falle für Alles.
Hundsein ist Müssen, wenn du nicht willst, Wollen
Wenn du nicht kannst, und immer schaut jemand zu.
Hundsein?
    Ist dieses Übelriechen aufs Wort.[168]

Siebenmal wird genannt, was das Hundsein ist; ausschließlich davon ist die Rede. Dennoch lässt sich bald erkennen, dass es hier um das (Wort-) Künstlerdasein geht, nicht um das Hundsein. Am deutlichsten wird dies in der letzten Nennung am Schluss, die durch ein Fragezeichen und das Enjambement hervorgehoben ist: „Hundsein? | Ist dieses Übelriechen aufs Wort.“ Auch die Verse „diese Fahrt mit der Geisterbahn | Sprache, die trickreich den Weg verstellt“ weisen ziemlich deutlich darauf hin. Signifikant ist dies aber schon von der ersten Begriffsbestimmung an, im zweiten Vers, der mit einem Zitat einsetzt: „Nichts als Ärger...“ und „Seekrankheit an Land“. Hier erklingt, wenn man aufmerksam zuhört, schon das Sprachproblem, und zwar das berühmte bei Franz Kafka. Die selbstverständlich genommene, alltägliche Kopplung der einfachen Dinge mit ihren Namen wird bei Kafka dermaßen radikal in Frage gestellt, dass die Verzweiflung den Schwindel, die „Seekrankheit auf dem festen Land“,[169] erregt. Das hat den Wunsch vorausgesetzt, „das Ganze“ zu haben: „Ich will nichts mehr in Brocken hören.“[170] Es geht um den Künstler und seine extreme Bemühung um die Sprache.

Dennoch wird der „Hund“ noch konkreter differenziert: als ein Grenzhund:

**3**
... zig Jahre Dienst mit Blick auf Stacheldraht
Landauf landab im Trott hält nur ein Hund aus,
Der was ihn gängelt anstaut, früh schon brav.
Im Schlaf noch wird ihm jedes Loch im Grenzzaun
Heimtückisch klein zum Einschuß hinterm Ohr.

---

[168] Ebd., S. 95.
[169] Franz Kafka: *Beschreibung eines Kampfes. Novellen, Skizzen, Aphorismen aus dem Nachlass*. Frankfurt/Main 1980, S. 32.
[170] Ebd., S. 18.

Ein sattes Schmatzen zeigt: Auch Hunde träumen.
Was ihm den Maulkorb feucht macht, ist der Wahn
Daß Parallelen irgendwann sich schneiden
Wo Pawlow für den Rest an Psyche steht
(Instinkt, mobilgemacht, ein Zickzack-Kompaß)
Ist Dialektik nichts als ... Hundetreue;
Sinn für die Stimmung in his master's voice.
So kommt es, daß er erst im Abgang klar sieht,
Am Ende des Prozesses.
                    „Wie ein Hund."[171]

Der Blick dieses Grenzhundes ist wohl „vom Vorübergehen" an Stacheldraht wie an Mauern, von soviel Konfrontation mit den Grenzeinrichtungen, so müde geworden, dass er nichts mehr erfasst. Wie bei dem eingesperrten Panther im Jardin des Plantes Paris bei Rilke lässt sich keine seelische Spontaneität mehr finden. Was einem solchen Hund noch bleibt, der „Rest an Psyche", ist der instinktiv der „Sinn für die Stimmung in his master's voice": Hundetreue.

Der trockene Ton dieser bemüht „sachlichen" Sprache setzt also die Lebensbedingtheit des Hundes voraus, den Stacheldraht, der sein Blickfeld wie sein Bewusstsein füllt und ihn betäubt. Ein Lebewesen, wie hier dargestellt, ist seiner seelischen Spontaneität und schließlich seiner Persönlichkeit völlig beraubt und befindet sich in der Endphase: „So kommt es, daß er erst im Abgang klar sieht, | Am Ende des Prozesses. | ‚Wie ein Hund.'" Wir wissen, was dem – wiederum durch den Zeilensprung und Anführungszeichen besonders hervorgehobenen – Schlusszitat doch noch folgt – der bekannte Schlusssatz aus dem *Prozess*-Roman Kafkas:

„Wie ein Hund", sagte er, es war, als sollte die Scham ihn überleben.

Als sollte die Scham ihn überleben, als würde er mit einer unverständlichen Exekution seiner selbst konfrontiert. Mit dem Zitat „Wie ein Hund" klingt also diese Scham mit. Der „Abgang" lautet bei Kafka:

Aber an K.s Gurgel legten sich die Hände des einen Herrn, während der andere das Messer ihm tief ins Herz stieß und zweimal dort drehte. Mit brechenden Augen sah noch K., wie die Herren nah vor seinem Gesicht, Wange an Wange aneinander gelehnt, die Entscheidung beobachteten. „Wie ein Hund", sagte er, es war, als sollte die Scham ihn überleben.

Die Scham gilt als etwas, das von einem Rest an Menschlichem zeugt. Dies hat Kafka hier hervorragend erzählerisch, aber auch philosophisch später Giorgio Agamben in seinen Studien über Auschwitz[172] als die letzte, letztmögliche Basis für eine Ethik beeindruckend ausgelegt. Zwar durch das Teilzitat textlich ausgeschlossen, ist doch das Abwesende präsent – durch die Ellipse eher stärker: die gefühlte Scham. Der Zustand des Hundes, bei dem nicht einmal von Scham die

---

[171] Ebd., S. 97.
[172] Giorgio Agamben: *Was von Auschwitz bleibt*. Frankfurt/Main 2003, Original 1998.

Rede sein kann, ist eine Anklage seiner Bedingtheit: hier die des Systems, das selbst ein zum Scharfsinn bestimmtes Lebewesen durch seine Instrumentalisierung schließlich in eine fatale Lethargie versetzt hatte. Die Systemkritik an sich ist kein neues Thema; bemerkenswert ist aber die Darstellungsweise, vor allem die Verkopplung zweier Themen: Ein Hund mit dem Sprachproblem – daür steht bei Kafka das Hundsein – steht bei Grünbein als Grenzhund wörtlich für die kafkaeske Bedingtheit.

Weitere Charakterisierungen, Darstellungen und Beschreibungen unterstützen dies, indem sie das Hundsein mit dem Künstlersein und Menschsein gleichsetzen, etwa die Selbstbeschreibung: „Alt siehst du aus, young dog. Atomzeitalt."[173] Begriffsbestimmungen des Menschseins sind im Ganzen stark biologisch orientiert. Von der ersten Zeile des ersten Gedichts im Band an ist erklärt: „Was du bist steht am Rand anatomischer Tafeln."[174] Im dritten Gedicht kommen „mein Tier-Ich" und „ein geschlechtskrankes Tier"[175] vor, dann „ein genehmigtes Ich"[176] – ergänzungsweise „Ich war mein eigner Hund"[177] – und schließlich „das alphabetisierte Tier".[178] Ein prägnanter Zug unter den Tierbezügen des Ich ist die Angst:

> Nur Ethologen haben den Komplizenblick
> Der Angst begriffen. In ihren Studien kommt
> Das Tier als Mensch oft vor. Was mich betraf
> Ich lag in einem langen Schlaf. Ich war
> Ein Automat, der leicht auf Knopfdruck kam.
> Wohin ich kam, kam ich umhin. Von A
> Nach B (und umgekehrt) der schnellste Weg
> Wo Mißtrauen Bögen schlägt, ist die Ellipse.[179]

Aus der Scheinaggressivität im Ganzen bricht manchmal etwas aus: die Angst, auch das unterdrückte Pathos etwa aus einem Kompositum: „Komplizenblick | Der Angst." Die Angst ist die des Hundes im Schussfeld, die seltsamerweise mit Lethargie gekoppelt ist. Der Leser fühlt sich zu einem ethologischen Blick ermuntert, denn seine alte Existenz wird nun als ein „Tier"-Verhalten bestimmt: „Ich war | Ein Automat, der leicht auf Knopfdruck kam. | Wohin ich kam, kam ich umhin." Die betreffende Geschwindigkeit ist dann anhand einer anscheinend mathematisch fundierten Logik unterstützt: „Von A | Nach B (und umgekehrt) der schnellste Weg [...] ist die Ellipse." Damit wird im doppelten Sinne des Wor-

---

[173] D. Grünbein: *Schädelbasislektion*, S. 98.
[174] Ebd., S. 11.
[175] Ebd., S. 13.
[176] Ebd., S. 31.
[177] Ebd., S. 101.
[178] Ebd., S. 100.
[179] Ebd., S. 106.

tes – der Ellipse als rhetorischer wie auch als geometrischer Figur – Kritik am linearen Denken geübt, das in „Hegels Schmalland"[180] herrscht.

Erlebte Demütigung wie Sprachlosigkeit kommen zur Sprache, aber erst auf dem Umweg über die Ethologie. Ethologie ist die auf das Studium der Lebensgewohnheiten gegründete Wissenschaft vom Verhalten der Tiere. Was unterdrückt wurde – Selbstmitleid wie Trauer, Pathos aller Art –, kam manchmal wie durch einen Riss hervor, und eben das, was sich schwer poetisch bewältigen lässt, gewinnt für einen Moment poetischen Glanz. Hier gibt sich ein junger Künstler als ein Hund aus, der aber trotz all seiner Pawlow'schen Bedingtheiten nicht aufgehört hat, ein Descartes zu sein, und der ein Kafka bleiben muss, einschließlich existenzieller Fragen, aber auch der bei diesem in Frage gestellten Sprache.

Statt eines Epilogs oder eines Nachworts wird am allerletzten Ende ein Prosastück mit dem Titel: „Loses Blatt. Biomechanischer Almanach" hinzugefügt, und zwar plakativ in Form eines wissenschaftlichen Berichts über den Hergang der Reflexologie. Dieser greift das Thema Pawlow'scher Hund nochmals auf:

> Was ist passiert, fragte sich Pawlow, als er 1924 nach einer Überschwemmung morgens ins Institut kam. Einige der Hunde hatten alle bedingten Reflexe *vergessen*. Aus ihrer Sicht waren die Experimente beendet.[181]

Die Reflexkette ist abrupt gebrochen. Die Wende war wie für viele andere für Grünbein tabula rasa. Ob sich dieses „Tier-Ich" „nach einer Überschwemmung" über seine Befreiung freut – davon ist nicht die Rede. Eine unmissverständliche Andeutung ist aber zugleich da: die aus den Fugen geratene Sprache. Sprechen und Denken sind nach Pawlow Reflexketten höherer Ordnung, die durch Ausbildung eines zweiten Signalsystems möglich werden. Nun ist u.a. diese Kette gebrochen. (Dies begründe die häufige Zersplitterung der Sprache wie die thematisierte Sprachlosigkeit.) Ein „Hund"-Künstler musste sein Bewusstsein zuerst von der Dressur befreien und muss sich nun mit der völlig aus den Fugen geratenen Sprache durch den Kettenbruch zurechtfinden. Seine Gedichte wollen sich als adäquate Form dafür erweisen.

Bemerkenswert ist daher die Form, die die Leser veranlasst, sich zu bemühen, das nicht Gesprochene beziehungsweise Zugedeckte zu schließen und zu erschließen. Nach all den genauen, facettenreichsten Studien der Phänomene hat der Dichter selbst diesen Schlussbericht wie ein Pendant hinzugefügt. Erstaunlich tektonisch, höchst kunstvoll und komplex ist der Bau des gesamten Bandes.

### 3.3. „Schädelbasislektion" bei Grünbein

Grünbeins zweiter Lyrikband *Schädelbasislektion* bildet die Basis für seine weitere Arbeit. Die folgenden Bände haben in diesem Band ihren Ansatz: *Fallen und Falten* (1994) sowieso, weil es dort um die Folgeerscheinungen geht. Das Thema des Bandes *Den teuren Toten. 33 Epitaphe* (1994) klingt hier nicht nur an, son-

---

[180] Ebd., S. 61.
[181] „Loses Blatt. Biomechanischer Almanach", ebd., S. 152.

dern wird schon mit zwei Gedichten angesprochen, die sich dann zu 33 Gedichten erweiterten. Was hier als „Die Leeren Zeichen" (Kap. IV) nur nummerierte oder noch als vage Annoncen (Kap. VIII) sich andeutet, findet einen ausführlichen Niederschlag in Form des Tagebuchs für ein Jahr: *Das Erste Jahr. Berliner Aufzeichnungen* (2001). Der Cartesische „Hund" in unserem Band „denkt" in der Schneelandschaft des vereinigten Deutschlands weiter: *Vom Schnee oder Descartes in Deutschland* (2003). Der Denker hier folgt oft der Spur der großen Vorgänger: seinem Mentor Heiner Müller mit einer Gedichtauswahl *Ende der Handschrift* (2000)[182] und Seneca mit einem prägnanten Nachwort oder mit *An Seneca. Postskriptum* zu Senecas *Die Kürze des Lebens* wie mit zwei Übersetzungen Aischylos.[183] Vielleicht noch als „Hund" im Sinne des Künstlers mit seiner Sprachproblematik, aber in radikaler Konsequenz erweist sich als altbewährt die These cogito ergo sum. Seine Mühe konzentriert sich von früh an auf den Versuch, die Trennung von Poesie und Wissen zu überwinden, wie er in seiner Aufsatzsammlung *Galilei vermißt Dantes Hölle und bleibt an den Maßen hängen. Aufsätze 1989-1995* mehrfach ausführt.

Im Künstler Grünbein, der eine Bestandsaufnahme der Wende wie eine existenzielle Landvermessung[184] unternimmt, der mit unermüdlichem Fleiß alte Bücher durchstöbert und höchst Verschiedenes[185] schmiedet, sehen wir aber auch einen Menschen, der mit hochgradig intellektueller Anstrengung seiner Situation begegnet. Hier präsentiert sich ein solcher Dichter aus einem verschollenen sozialistischen Land, der nun den ungebrochenen Versuch sinnstiftender Füllung der tabula rasa der deutschen Wende bewältigen will – kurz: ein zeitgenössischer poeta doctus im vereinigten Deutschland. Aber auch die harten neuen Bedingungen muss der Künstler bewältigen und dafür zuerst eine „Schädelbasislektion" durchnehmen. Vorausgesetzt ist also, dass nicht die neuen Bundesländer, sondern viele sozusagen „Tote" einschließlich des lyrischen Ichs in das vereinigte Deutschland aufgenommen wurden.

### 3.4. Künstler im Neubeginn: *Vom Schnee oder Descartes in Deutschland*
Das vereinigte Deutschland stellte einen Raum der Herausforderung für viele dar, in dem sie sich vor existenzielle Grundfragen gestellt fanden, mit dem jeder von ihnen sich auf eigene Weise abfinden und an den er sich schließlich anpassen musste und muss. Uns interessiert, wer unter Schriftstellern was macht und wie er sich damit durchsetzt.[186] Die Überlebensstrategie eines Schriftstellers ist au-

---

[182] Heiner Müller: *Ende der Handschrift. Gedichte. Ausgewählt und mit einem Nachwort versehen von Durs Grünbein*, Frankfurt/Main 2000.

[183] *Die Perser* (2001) und *Sieben gegen Theben* (2003).

[184] Etwa: *Galilei vermißt Dantes Hölle und bleibt an den Maßen hängen. Aufsätze 1989-1995*. Frankfurt/Main 1996.

[185] Etwa: *Berenice. Ein Libretto nach Edgar Allan Poe*, Frankfurt/Main 2004.

[186] Diese neugierige Frage gilt in der Welt der allseitigen Vermarktung wohl allgemein; jedoch in höherem Maße in einem noch geteilten Land als eine Art Prognose.

ßerdem literarisch wie soziologisch von Belang. Denn in ihr erweist sich öfters das Maximum der künstlerischen Kompetenz.

Hier scheint einer zu philosophieren, schreibt konsequent in Versen – in 42 Langgedichten, von denen jedes regelgerecht aus sieben Strophen zu je zehn gereimten Versen besteht – über einen Philosophen, der markante Grundsteine für die Neuzeit gelegt hat. Warum philosophiert ein Dichter?

### 3.4.1. Voraussetzung: die Wende

„Wie denkt ein sauber abgetrennter Kopf?"[187] war Grünbeins Frage noch in dem Band *Schädelbasislektion* (1991), der in vieler Hinsicht den Ausgangspunkt und die Basis für weitere Entwicklungen des Dichters bildet. Die dargestellte, eben eingetretene neue Lage war für ihn explizit tabula rasa:

> Etwas brach ab und etwas neues
> Kann nicht beginnen seither, Ebbe.[188]

In dieser Lage reflektiert das lyrische Ich zuerst über das Verebbte: die DDR-Vergangenheit. Die Diagnose durchzieht – nun mit durch die Zeit erzwungener Distanz – den ganzen Band. Auf der letzten Seite resümiert Grünbein: „Im *Turm des Schweigens* oder in ‚Hegels Schmalland' wird der Instinkt des Gesellschaftstieres durch Konditionen ersetzt."[189] Das „Tier-Ich",[190] „das alphabetisierte Tier"[191], das „Gesellschaftstier", differenzierter: der Pawlow'sche Hund, wären die Folge davon. Somit wird eher eine Ethologie als etwa eine Soziologie verfolgt.

Dann sind – wie erwähnt – zwölf Portraits des Hundes präsentiert. Dieser Gedichtzyklus ist paradoxerweise mit „Der Cartesische Hund" betitelt und ein kurzes Gedicht mit demselben Titel leitet den Zyklus ein. Ein späteres Thema erklingt[192] – zu Beginn derart leise, dass das Thema „Descartes" noch kaum abzulesen ist:

*Der Cartesische Hund*

> Wedelnd um jedes Nein das ihn fortschleift
> Worte wie Flöhe im Fell, die Schnauze im Dreck
>
> Ohren angelegt auf der Flucht vor den Nullen,
> Gejagt von den kleineren Übeln ins Allergrößte

---

[187] D. Grünbein: *Schädelbasislektion*, S. 69.

[188] Ebd., S. 71.

[189] Ebd., S. 152.

[190] Ebd., S. 13.

[191] Ebd., S. 100.

[192] So auch das inzwischen für den Autor wichtige Thema „Tote", das er später in dem Band *Den Teuren Toten* (2000) entfaltet.

Müde der leere Himmel, die Kehle blank
Gehört er dem Ersten das kommt und ihn denkt[193]

Das Adjektiv „Cartesisch" wird hier nur zynisch benutzt. Das Symptom des Denkens lässt sich hier höchstens im Wedeln „um jedes Nein" finden. Schließlich soll der Hund dem „Ersten" gehören, „das kommt und ihn denkt" – extreme Passivität einer Kreatur.

Auch ein anderes „Cartesisches" Projektionsbild aus *Schädelbasislektion* ist nicht heil: „Die Krankheit Denken, schrecklich, heilt dir keine Kur" (145). Die Projektion an sich ist im Abglanz gefasst. Der Yeti, ein Schneemensch, wird nämlich im Verschwinden gezeigt: „Seine Fluchtspur. Weiß auf weiß." Ein Wesen mit dem Symptom Denken wird „Eingezeichnet in die Enge der Frequenzen | Sendet im Spätprogramm dein Tod Signale | Wenn sich im Schlaf, hellhörig, dieser Körper wälzt". Damit wird zugleich der Auftritt eines Denkenden angesagt, obgleich mit großem Vorbehalt: „Die Krankheit Denken."

### 3.4.2. Die Schneelandschaft: aber „ein idealer Boden" für den Discours

Nach zwölf Jahren ist das Denken – nun unverzerrt – in die Mitte der Reflexion gerückt: *Vom Schnee oder Descartes in Deutschland* (2003). Es geht um den Philosophen, der in einem verschneiten Winter in einer süddeutschen Stadt seinen *Discours de la Méthode* schrieb und in einem anderen Winter im Norden starb. Hier entfalten sich einunddreißig Szenen aus dem Leben Descartes', als er im Winter 1619 als ein dreiundzwanzigjähriger junger Mann, eingeschneit im Verlauf des Dreißigjährigen Krieges in einem „Kaff bei Ulm,"[194] zu philosophieren begann. Elf Szenen aus seinem späteren Leben werden dann hinzugefügt; in erster Linie geht es aber darum, die Geburtsumstände einer epochalen Idee zu fassen. Essentielle Inhalte der Thesen werden mehr oder weniger vermittelt, indem sie in poetischen Bildern aufgehen.

Der Schnee – Hintergrund und Nährboden, Voraussetzung und Bedingung für den „Discours" – ist Leitmotiv. Es handelt sich um Neuschnee, der der Landschaft anfängliche Frische verleiht, um den Dauerschnee, der einst einen jungen französischen Soldaten einsperrte und so zum Philosophieren veranlasste, aber auch den in der schwedischen Kälte, der später den Philosophen zu Tode brachte. In der Schneelandschaft ist das Leben reduziert, passiert die „Gleichung". Der Schnee „abstrahiert", „nivelliert" die Unterschiede, hebt sogar „Zeit und Raum" auf. Die Schneelandschaft ist die „reinste Kammer *lucida*", „ein idealer Boden | Für den Discours": Sowohl die Sprache als auch der Gedanke werden darin aktualisiert, etwa als: der Schnee von heute.

In diese Schneelandschaft wird das Bild eines Schlafenden, des Träumers Descartes, geprägt, der zeitlebens bis zum Mittag im Bett geblieben sein soll.

---

[193] D. Grünbein: *Schädelbasislektion*, S. 91.
[194] Nach der Angabe bei Grünbein. Historisch war es in Neuburg an der Donau, der kleinen Residenz der Pfalz.

Sein Famulus eröffnet die Szene, indem er Descartes weckt, wie in der Eingangsszene eines Dramas: „Monsieur, wacht auf. Es hat geschneit die ganze Nacht." Dieser Weckruf durchzieht, leicht variiert, das lange Gedicht: „Monsieur, wacht auf",[195] „Wacht auf, Monsieur."[196] „Es hat geschneit. Seht, vor dem Haus, die weiße Pracht."[197] „Für Euch hat es, für Euch, die ganze Nacht geschneit."[198] Diese sanft überredende Stimme erklingt leitmotivisch wieder und wieder im ganzen Band, zuallerletzt nach dem Tod Descartes' mit unterdrückter Trauer noch einmal – als eine Art Kreisschluss: „Wacht auf, Monsieur."[199]

Gillot, der – an Don Quichottes Sancho Pansa oder an Galileis Andrea erinnernd – als ein Gesprächspartner fortlaufend Descartes begleitet, bald mit seiner Klugheit, bald mit Gebundenheit, aus sexuellem Verlangen eine gewisse Situationskomik und dramatische Spannung herstellt, ist eine fiktive Figur. Als eine solche ist er im Text explizit angegeben: als Descartes' „alter Ego".[200] Die offen angegebene Verteilung der Rolle auf zwei Personen spiegelt unter vielen anderen den Dualismus wider, der zwar im Ganzen – ob zwischen dem Träumer und dem Denker, ob zwischen der skeptischen Reflexion und der mathematischen Evidenz, ob zwischen dem Körper und der Seele – herrscht und doch den beiden Komponenten die Koexistenz erlaubt.

In den ersten vier Gedichten, in denen es hauptsächlich um die Vorstellung geht, sind die Züge des Träumers Descartes, nicht aber die des Denkers, besonders hervorgehoben: Neigung zur Reflexion, Skepsis, seelische Sensibilität. „Ein Murmeltier | Bin ich, das sich verkriecht im Bau, bei Kerzenlicht."[201] „Ich bin – nur Geist."[202]

> Ich bin kein Dichter, kein Sophist. Auch kein Scholast,
> Der alte Texte wiederkäut. Ich bin – ja, was?
> Nur was ich selber dachte, selber ersah, halte ich fest.
> Am eignen Haar zieh ich mich aus dem eigenen Morast.[203]

Was zuerst als des Gelehrten Skepsis vertreten wird, mündet hier gleich in die philosophische conclusio: „Nur was ich selber dachte, selber ersah, halte ich fest." Darauf folgt ein humoristisch getöntes, poetisches Bild der Selbsthilfe: „Am eignen Haar zieh ich mich aus dem eigenen Morast." Diese originäre

---

[195] Ebd., S. 13.
[196] Ebd.
[197] Ebd., S. 14.
[198] Ebd., S. 15.
[199] Ebd., S. 140.
[200] „Ich war so einsam, daß ich Selbstgespräche führte, | Und Traum und Wachen, Tag und Nacht war alles eins. | Das ging so weit, daß ich im Schlaf mich selbst berührte, | Nur um zu prüfen: wem gehört dies Schlüsselbein | *Ihr dementiert, hier vor den Toten, jedes Wort?* | Nur wir, mein Alter ego und ich selbst, warn damals dort."
Durs Grünbein: *Vom Schnee oder Descartes in Deutschland*, Frankfurt/Main 2003, S. 73f.
[201] Ebd., S. 16.
[202] Ebd., S. 19.
[203] Ebd.

Selbsthilfe ist übrigens dem lustigen Freiherrn von Münchhausen entlehnt.[204] Ein
solider Fundus dafür sind allerdings schließlich die eigene Denkfähigkeit und die
physische Vergewisserung der Dinge. Weitere Schritte wollen ebenso auf dem
konkreten, sinnlich fassbaren Boden getan werden:

> Wem soll ich traun? Mir selbst? Der Welt dort draußen?
> Was ich weiß nur, was mein Körper mir erzählt von ihr,[205]
> Was Nerv und Nerv mir übersetzt in Schrift. Zu Hause
> Bin ich nur hier: in meiner Haut. – Papier, Papier.[206]

Hier wird die sinnliche Vergewisserung versucht und die materiell fundierte Ge-
wissheit gesucht. Oder: Die gesuchte Wahrheit muss derart evident sein und die
Grundlage für die Metaphysik soll derart solide sein, dass man sich physisch ver-
gewissern kann. Der daraus gezogene Schluss ist etwas, was dringend aufge-
schrieben werden soll. Die Dringlichkeit dabei zeugt von der Rarität und vom
Gewicht einer Erkenntnis. „Papier, Papier" steht ja für „Heureka". Dies wieder-
holt sich am Ende des Gedichts, um eine Spur erweitert und zugleich verschlüs-
selt:

> Nach römisch Fünf kommt, wie im Leben, römisch Vier.
> ‚Discours de la méthode' – das Ich grüßt sich mit Du
> Daß ich nicht lache. Wer ist Ich? – Papier, Papier.[207]

Verschlüsselt – man kann, wenn man will, im Buch Descartes' selber nachschla-
gen, was römisch Fünf wie Vier ist.[208] In einem Gedicht darf man ein Rätsel auch
ruhig überspringen. Im Sinne einer Lust am Versteckspiel ist jedoch leicht ko-
kettierend ausgedrückt, was wiederum dringend aufgeschrieben werden soll. Das
wäre eben der Grund, warum (aufgrund der berühmten These) eben der *Discours*

---

[204] Vgl. Bürger, Gottfried August: Wunderbare Reisen zu Wasser und Lande. Feldzüge
und lustige Abenteuer des Freiherrn von Münchhausen, wie er dieselben bei der Flasche im
Zirkel seiner Freunde selbst zu erzählen pflegt, Frankfurt/Main 2008.
[205] Wegen des vorangegangenen, verborgenen Münchhausen-Zitates kann hier sich man-
cher an das Münchhausen-Syndrom erinnern, eine psychische Störung, bei der die Betroffenen
körperliche Beschwerden erfinden beziehungsweise selbst hervorrufen und meist plausibel und
dramatisch präsentieren.
[206] D. Grünbein: *Vom Schnee oder Descartes in Deutschland*, S. 19.
[207] Ebd., S. 19.
[208] Unter V geht es darum, dass eine Methode nötig ist, um die Wahrheit zu erforschen,
und unter IV darum, dass die Methode in Ordnung und Disposition besteht. Genauer lautet
die Regel IV bei Descartes: „Necessara est methodus ad veritatem investigandam", und Regel
V: „Tota methodus consistit in ordine et dispositione eorum, ad quae mentis acies est conver-
tenda, ut veritatem inveiamus. Atqui hanc exacte servabimus, si propositiones et obscureas ad
simpliciores gradatim reducamus, et deinde ex omnium simplicissimarum intuitu ad aliarum
omnium cognitionem per eosdem gradus ascendere tentemus." Vgl. R. Descartes: *Regulare ad
directionem ingenii* (1628).
Man kann aber grundsätzlich fragen, ob dieser Druck auf den Leser, selbst nachzufor-
schen, der Gattung Gedicht angemessen ist. Hier jedenfalls ist die philosophische Lehre derart
geschickt eingeflochten, dass sie die Freude am Lesen vermehrt.

*de la méthode* verfasst wurde, und zwar auf Französisch, nicht auf Lateinisch. Dieser soll ein Dialog sein: „das Ich grüßt sich mit Du." Die Dialogbereitschaft erzielt in erster Linie die Plausibilität für sich selbst: „daß ich nicht lache". Den Kern bildet die Reflexion über das Ich.

Statt eine These direkt zu vermitteln, finden sich hier öfters poetische Verhüllungen. Gerade dadurch gibt sich der Leser Mühe, die berühmte These abzulesen, auf die stets im Hintergrund angespielt wird. Der Dichter selber verrät die berühmte These übrigens erst am Ende des Bandes im vorletzten Gedicht plakativ, aber höchstens als einen Bruchteil, und zwar stark mit poetischem Flair: *„Ein Engel – auf die Flügel schrieb ich ihm mein COGITO."* „Ein Zweifler, reich beschenkt im Schlaf."[209] Diese Züge werden betont nochmals genannt, indem Grünbein den Traum anführt, den Descartes geträumt haben soll:

> „Doch war da noch ein Buch – mein *Corpus Poetarum.*"
>
> Das war kein Traum. Ich schlug es auf und las den Vers:
> ,In welche Richtung führt er mich, mein Lebensweg?'
> Da kam ein Mann, ich hör ihn sagen: ,Est et non'."[210]

Est et non. Wahr und falsch: Pythagoräischer Bruch mit dem Exaktheitswahn. Es zeigt sich verschiedentlich, wie das evidente Diktum cogito ergo sum eben von der Skepsis herrührt. Was Grünbein hier in poetischen Bildern vergegenwärtigen will, fasst Descartes selber im Umfeld des berühmten Diktums wie folgt:

> Aber gleich darauf bemerkte ich, während ich auf diese Weise denken wollte, alles sei falsch, doch notwendig ich, der dies dachte, irgendwas sei. Und indem ich bemerkte, daß diese Wahrheit: *ich denke, also bin ich*, so fest und so sicher ist, daß sämtliche ausgefallensten Untersteigerungen der Skeptiker nicht in der Lage sind, sie zu erschüttern, urteile ich, daß ich sie ohne Bedenken als das erste Prinzip der Philosophie, die ich suchte, annehmen konnte.[211]

Es geht um die Suche nach etwas Unerschütterlichem (in der Metaphysik). Diese Suche ist auch für den Dichter momentan besonders relevant.

### 3.4.3. Poetische Umsetzung der philosophischen Reflexion
### „Regel der Evidenz"

Klar ist, dass mitten in der allgemeinen Skepsis etwas Fassbares und Zuverlässiges, eine feste Stütze, gesucht wurde. Aufgrund der Skepsis braucht es also eine „Regel der Evidenz"[212], die gelten soll und gilt – wegen und aufgrund der Misere

---

[209] D. Grünbein: *Vom Schnee oder Descartes in Deutschland*, S. 138.
[210] Ebd., S. 24.
[211] Ebd., S. 65.
[212] Die sog. „Regel der Evidenz" lautet bei Descartes selbst: „Die erste Vorschrift besagte, niemals irgendeine Sache als wahr zu akzeptieren, die ich nicht evidentermaßen als solche erkenne: dies bedeutet, sorgfältig Übereilung und Voreingenommenheit zu vermeiden und in meinen Urteilen nicht mehr zu umfassen als das, was sich so klar und so deutlich meinem Geist

106

in der Welt: „Ein Trauerzug – da war ein Bauernkind erfroren",[213] oder: „Hier Frost, und da der Mensch, der nah am Wasser baut."[214] Angesichts eines solchen Elends, aber auch der gespaltenen Welt dominiert der Zweifel. Die dualistische Struktur der Welt wird in stilistischer Vielfalt wiederholt gezeigt.

> Im Orient stirbt ein Kamel, im Okzident ein alter Gaul.
> Und alles streitet sich um einen Gott, den keiner kennt.
> Der Adel geht im feinen Tuch, das Volk im Leinenhemd.[215]

Hier sind Goethes *Divan*-Zeilen[216] barock verzerrt. Statt wie im Original zur Versöhnung oder Flucht ins Imaginäre zu kommen, trifft es hier mit einem gewissen Sarkasmus doch den Kern. Die Absurdität der religiösen Konflikte, die damals die Welt spalteten und auch heute leider noch aktuell sind: „[A]lles streitet sich um einen Gott, den keiner kennt." Das „Buch der Welt", das einst bei Descartes das Gelehrtentum ersetzte, ist voller Zerrbilder. Descartes fand seine „Muße" zum Philosophieren im langjährigen Krieg. Dessen verheerende Begleitumstände und Folgeerscheinungen werden hier mit Gryphius-Tenor und in der Form der Alexandriner angedeutet:

> In ihr herrscht mehr als nur Gewalt, Gewalt und Jammer.
> Zum Beispiel Anmut. Und die Schönheit ganzer Zahlen.
> Im Buch der Welt zu blättern, heißt: du suchst dort draußen,
> Was größer ist als du. Du lauschst dem Ohrensausen.[217]

Die erste Zeile erinnert stark an Gryphius; gleich in der zweiten Zeile findet aber schon der Bruch dadurch statt, dass gegen die Erwartung – statt eines Bildes des gesteigerten Elends – Anmut und Schönheit schlicht angegeben, vorbehaltlos genannt werden. Was den Schluss betrifft, so steigert sich die Darstellung aller Grausamkeit bei Gryphius schließlich ins Religiöse; Grünbein hebt Descartes' Liebe zur Mathematik auf, eröffnet damit den Weg zum „Sich-Richten", zur Bildung. Hier findet sich ein Nachdenken über sich und die Welt. Daraus werden keine moralischen Grundsätze gezogen. Dafür steht hier ein flüchtiger Hinweis auf „Größeres".

## „Regel der Zerlegung"
Die Vermittlung der Lehre beginnt wie die Lehre selbst mit dem gesunden Menschenverstand: „Der gesunde Verstand | ist die bestverteilte Sache der

---

vorstellt, dass ich keine Möglichkeit hätte, daran zu zweifeln." *Discours de la Méthode. Bericht über die Methode*, Stuttgart 2001, S. 39.

[213] D. Grünbein: *Vom Schnee oder Descartes in Deutschland*, S. 19.

[214] Ebd., S. 20.

[215] Ebd., S. 47.

[216] „Gottes ist der Orient, Gottes ist der Okzident | Nord- und südliches Gelände | Ruht im Frieden seine Hände." Aus: Johann Wolfgang Goethe: *West-östlicher Divan*, hrsg. v. Hendrik Birus, 2. revid. Aufl., Frankfurt/Main 2010, I, 3.1, S. 15.

[217] D. Grünbein: *Vom Schnee oder Descartes in Deutschland*, S. 50.

Welt ..." („Le bon sens"). Die Vermittlungsweise ist mal platt, mal allgemein zugänglich. Das regelgerechte Prinzip bei Descartes, die sog. „Regel der Zerlegung"[218] etwa, wird unversehrt und deutlich angegeben: „Ist ein Problem zu groß, zerlegs in viele kleine."[219] Dies ist aber die Antwort auf die Frage: „Monsieur, Ihr kennt die Frauen nicht." Im Dialog erreicht man im Zickzackgang – mal humoristisch, mal bizarr – letzten Endes den Kern der philosophischen Botschaft:

> „Du siehst zu schwarz." „Vielleicht ist mein Problem so groß
> wie diese Welt." „Heißt Baum nicht: Ast plus Ast?
> Wenn alles schwarz ist, weiß, halt dich an den Kontrast."[220]

Die Welt ist voller Probleme, die überall „zu groß" sind, nicht bloß angeblich wie bei Gillot in der Liebe. Im Kontext der Wirklichkeit befindet sich auch die Liebe stark im Zug der Deduktion:

> „Ich, wie berauscht, greif mir den Hut – da schwirren Fliegen
> Aus ihrem Rock, und da erst seh ich, starr, das Augenpaar"

„Descartes stöhnt auf." Es geht um das Kriegselend. Da schließt sich gleich etwas anderes an:

> Wo jeder weiß: Krieg heißt nur Syphilis und Wanzen,
> Doch niemals Liebe. (Regel Sechs ...) „Monsieur, noch nie [...]

In einer anderen Stelle lautet es:

> Hab ich ein Augenpaar gesehn, so schön wie ihres.
> Ich meine, klar und ungetrübt wie im Gebirg ein See."[221]

Das „Augenpaar" steht hier zuallererst für das Kriegselend: Es ist Detail davon und steht zugleich in extremem Kontrast dazu: hier vor allem für die Liebe. Im Sog der nötigen Deduktion gewinnt pars pro toto „Augenpaar", was sonst abgegriffen wirken könnte, neue Frische.

## Keine „Regel der Ordnung", keine „Regel der vollständigen Synthese"

> „Und merk dir eins: im Krieg spricht keiner mehr von Mord.
> Und nicht auf Liebe, auf Reflexe kommt es an."
> „Und dann?" „Gilt nunmehr Aug-um-Aug, Zahn-um-Zahn."

Die Welt ist voller Probleme. Stets gilt die „Regel der Zerlegung". Daher lässt sich eine Ordnung dafür schwer finden. Die „Regel der Ordnung"[222] will nicht funktionieren, die „Regel der vollkommenen Synthese"[223] noch weniger.

---

[218] Die sog. „Regel der Zerlegung" lautet bei Descartes selbst: „Die zweite besagte, jede der Schwierigkeiten, die ich untersuchen würde, in so viele Teile zu zerlegen, wie es möglich und wie es erforderlich ist, um sie leichter zu lösen." *Discours de la Méthode. Bericht über die Methode*, S. 39.
[219] D. Grünbein: *Vom Schnee oder Descartes in Deutschland*, S. 38.
[220] Ebd., S. 39.
[221] Ebd., S. 29.

„Zum Zeitvertreib, wie oft, wenn er nicht weiter weiß,
Nimmt er ein Spielzeug her. Er hat es selber konstruiert.
Ein Medaillon ist es. Doch statt um Kopf und Zahl,
Dreht sich's, an einer Silberkette, um ein Bildmotiv,
Das ihn erschaudern lässt, weil's auf der einen Seite
Ihm einen Vogel zeigt – und einen Käfig im Revers.
Geschwind gedreht, erscheint, ein Trick der Illusion,
Das Ganze räumlich, dank Hypnose, zum Emblem vereint.
Entfesselt ist, im Handumdrehn, von Noch und Schon
Der Augenblick. Die Lösung heißt: Aus zwei mach eins."[224]

Anhand eines optischen Spiels wird die Goldene Regel der Synthese negiert – eher: als fiktiv bloßgestellt. Das Gleiche wird dann auch schlicht eingestanden – mit einem Kommentar:

Nun sind sie eins – sein Geist, sein Körper. Stumm vereint,
Ruhn sie sich aus von der Distanz, von dem Dissens bei Tag.
Die Harmonie, nach außen hin scheint sie gewahrt –
Wie trügerisch.[225]

Die Goldene Regel gilt also nicht. Dafür ist viel von Einsamkeit die Rede. Die große Einsamkeit des Philosophen, die häufig hervortritt (besonders in dem Gedicht „Solitude"), zeugt von seiner Ratlosigkeit angesichts der Weltlage. Die Wirklichkeit lähmt den Verstand. Es waltet Unvernunft, etwa religiöser Wahn, aufgrund dessen Bruno 1600 verbrannt wurde („Ein Ketzer stirbt"). Von einem von dichterischer Anschauungskraft belebten einheitlichen Weltbild, wie Giordano Bruno es vortrug, ist keine Rede. Nur seine Angst wird lebendig vermittelt. Auch die Haltung gegenüber Galilei ist fast bizarr verzerrt, als schillernd und konfliktreich dargestellt („Mücken vorm Fernrohr"). Grünbeins Studium des „Buchs der Welt" setzt sich zwar fort, schrumpft dabei aber zur Gehirnstudie zusammen („Buch der Welt II"). Der Hang zum Physischen, zum Fassbaren, ist groß, und dies wird sinnlich vermittelt.

Von den Planeten schließen wir zurück aufs eigne Auge.
Die Optik zeigt, was uns an Täuschung innewohnt.[226]

---

[222] Die sog. „Regel der Ordnung" lautet bei Descartes selbst: „Die dritte besagte, meine Gedanken mit Ordnung zu führen, indem ich mit den am einfachsten und am leichtesten zu erkennenden Dingen beginne, um nach und nach, gleichsam stufenweise, bis zu der Erkenntnis der am meisten zusammengesetzten aufzusteigen, und indem ich selbst dort Ordnung unterstelle, wo nicht natürlicherweise das eine dem andern vorausgeht." *Discours de la Méthode. Bericht über die Methode*, S. 39.

[223] Die sog. „Regel der vollkommenen Synthese" lautet bei Descartes selbst: „Und die letzte besagte, überall so vollständige Aufzählungen und so allgemeine Übersichten herzustellen, daß ich versichert wäre, nichts wegzulassen." Ebd., S. 41.

[224] D. Grünbein: *Vom Schnee oder Descartes in Deutschland*, S. 62.

[225] Ebd., S. 63.

[226] Ebd., S. 92.

Denn „Europa schwillt". Es folgt „Verdacht, Verdacht". Es bleibt schließlich der
Hohn.

„Du gehst, du siehst, und ringsum schneits. „Nennt Ihr das Denken?"
„Ich denke, heißt: ich nehme wahr, reflexhaft schnell,
Was hier geschieht. Hier in mir drinnen. Wo ich bin."
„Auch ohne Körper, Herr? Versteh ich recht? Beim Henker,
Ihr meint, man schlüpft, sobald man denkt, aus seinem Fell?"[227]

Die Zweifel sitzen tief, auch die Skepsis. Hier wird die Lehre anscheinend fast
zurückgenommen: eine Regression, aber im Rilke-Ton.[228]

„Wer da noch streunt, verloren im Schnee, wird lange irregehn."[229]

### 3.4.4. „Ins Ungewisse"

Statt die philosophische Lehre weiterzuführen, werden am Ende einige Szenen
aus den späteren Jahren Descartes', vor allem aus der Zeit am schwedischen Hof,
umrissen. Dort konnte er sich dem Vasallentum nicht anpassen; er musste u.a.
um fünf Uhr morgens aufstehen und sich der verkrampft bildungsbeflissenen
Königin Christina von Schweden für alle möglichen Fragen zur Verfügung stel-
len. Ihn plagte auch die nordische Kälte. Descartes stirbt bald darauf an den ge-
sundheitlichen Folgen dieses Aufenthalts. Grünbein zeigt das Irregehen des Erz-
rationalisten „ins Ungewisse". Das Hölderlin-Zitat setzt die ausgedehnten zwei
Silben „Jahrlang" voraus.[230] Mit diesem offenen Ende wird des Träumers Bogen
nach 42 Erzählgedichten geschlossen. Es bleibt:

„Sein Testament, er schloß es ab, eh er Arkadien verließ –
Das sichre Ufer, Holland. Eine Truhe mit Papieren
Ging da, als Flaschenpost, auf Reisen durch die Zeiten." („Luftblasen"[231])

Die „Flaschenpost" – Paul Celan und Ossip Mandelstam klingen mit – hebt
dennoch ein Dichter nach der Wende auf. „Eingezeichnet in die Enge der Fre-
quenzen | Sendet im Spätprogramm dein Tod Signale" hieß es in dem Gedicht
vom Verschwinden des tibetischen Schneemenschen „Yeti". Doch im Gegensatz
dazu gab Grünbein sich einige Winter ungebrochen die Mühe, eben die Philoso-
phie, besonders die Methodologie auf dem Nullpunkt für sich zu aktualisieren.

---

[227] Ebd., S. 105.
[228] Vgl. „[…]Wer jetzt kein Haus hat, baut sich keines mehr. | Wer jetzt allein ist, wird es
lange bleiben, | und wird in den Alleen hin und her| unruhig wandern, wenn die Blätter trei-
ben." („Herbsttag", in: Rainer Maria Rilke: *Sämtliche Werke*, hrsg. vom Rilke-Archiv in Ver-
bindung mit Ruth Sieber-Rilke, besorgt durch Ernst Zinn, Bd. 1, *Gedichte. Erster Teil*, Frank-
furt/Main 1955, S. 398.)
[229] D. Grünbein: *Vom Schnee oder Descartes in Deutschland*, S. 63.
[230] Vgl. „Es fallen, es schwinden | die leidenden Menschen | wie Wasser von Klippe zu
Klippe | Jahrlang ins Ungewisse hinab." Friedlich Hölderlin: „Hyperions Schicksalslied", in:
Ders.: *Sämtliche Werke und Briefe*, hrsg. v. Jochen Schmidt, Frankfurt/Main 1992, S. 207.
[231] D. Grünbein: *Vom Schnee oder Descartes in Deutschland*, S. 136.

Daraus entstanden poetische Bilder von großem Umfang: insgesamt 42 Cantos, 2.940 Verse.

In früheren Sammlungen weckte Grünbein mit seiner weitgreifenden Verwendung von Bildern wie auch vom Wortschatz aus dem naturwissenschaftlichen Bereich stark den Eindruck, dass es bemüht um Versuche gehe, zwei unterschiedliche Disziplinen, Literatur und Naturwissenschaft, zu verbinden. Im Descartes-Band tut Grünbein den zweiten Schritt und verfolgt seine Linie anscheinend noch konsequenter, sehr gewagt: Dem Anschein nach geht es um nichts Geringeres als die Wiederherstellung der verlorengegangenen Einheit von Naturwissenschaften und Künsten, an deren Scheidelinie eben Galilei stand:

> „Denn eines Tages im Jahre 1587 hielt Galilei in Florenz einen Vortrag, der die Lage veränderte. Es ging, allen Ernstes, um Dantes *Göttliche Komödie* aus der Sicht eines Physikers, um eine Topographie des Infernos im geometrisch strengen Sinn. Galilei vermisst Dantes Hölle und bleibt an den Maßen hängen. [...] Von nun an laufen die Wege der Naturwissenschaften und der Künste beschleunigt auseinander, geradlinig gleichförmig die einen, Haken schlagend und in Spiralen und Ellipsen die andern. Und niemals schneiden sie sich mehr wirklich, nirgendwo kommt es zur unmittelbaren Kreuzung.“[232]

Danach soll „mit jedem seiner Schritte sich Denken und Anschaulichkeit" trennen – „bei enormen Gewinnen, enormer Verlust für beide Seiten".[233] In *Vom Schnee* wird versucht, einen Philosophen, und zwar den entscheidensten Bahnbrecher der Moderne, an seinem Ausgangspunkt aufzusuchen und seine Reflexionen in poetische Bilder aufgehen zu lassen – ein gewagter Versuch, Poesie und Philosophie wieder zu verbinden. Mit seinem enzyklopädischen Interesse und mit seiner in der europäischen Geistes- wie Kulturgeschichte gegründeten Einbildungskraft fasst Grünbein das, was eben seine Phantasie berührt, in eine barocke Sprache von starker Bildkraft.

Heutzutage, wo jeder sozusagen an einem Ende der weit auseinander klaffenden Äste sich festhält, ist nicht einmal davon zu träumen, zum Stamm, zur alten Einheit, zurückzukehren. Doch kann eben dies ein Dichter, der mit elementaren Existenzproblemen konfrontiert wird, der am Nullpunkt, aber auch mit einem unbefangenen Blick, mit allem neu anfängt. Und die Wiedervereinigung stellt solch einen Punkt dar.

---

[232] D. Grünbein: *Galilei vermißt Dantes Hölle*, S. 91.
[233] Ebd. S. 93.

Heimat, neu thematisiert

## IV. Heimat, neu thematisiert
### Durs Grünbein • Wolf Biermann • Heinz Czechowski • Werner Makowski

Noch im Jahre 1984 war in der DDR das Rahmenthema eines Hefts der führenden literarischen Zeitschrift *ndl* „Die Heimat". Heimat war in der DDR neu definiert: nicht mehr als der geographische Herkunftsort, von dem man stammt, sondern als der neue sozialistische Staat, an dem man weiter bauen sollte. Dem Begriff Staat wollten die Dichter also anscheinend einen emotionalen Inhalt verschaffen, ihn mit Geborgenheit versehen – durch ihre Dichtung.[234] Der eigentliche Herkunftsort wird hingegen etwa von Jens Gerlach (1930-1990) einfach „dort, wo mein Vater ruht" genannt – sogar ein „böser", „schmutziger" Teil. (Der Autor stammte aus Hamburg, übersiedelte aber 1956 in die DDR.) Triumphierend wird hingegen erklärt, dass man die Mauer selber gebaut habe, „damit man dem Land vertraut" werde. Nach Günther Deicke (geb. 1926) soll man „Deutschland" erst „die Erde und den Menschen | in einem Bund" nennen.[235]

War so für die vorangegangenen DDR-Schriftsteller (ungeachtet ihrer geographischen Herkunft) die DDR die seelische Heimat, ein besseres Deutschland, in dem es den Sozialismus zu verteidigen oder noch aufzubauen galt, so wurde mit der dritten Autorengeneration u.a. dieser Konsens gebrochen. Uwe Kolbe (geb. 1958) erklärte 1984 ausdrücklich, er habe noch keine Heimat gefunden. Durs Grünbein (geb. 1962) hat noch im Jahr 1989 Deutschland „O Heimat, zynischer Euphon" genannt. Auf diese Weise blieben auch sie mehr oder weniger im Bannkreis des Staatsideals.

Als nun also das lange gesperrte Land geöffnet, beziehungsweise verschwunden war, fällt die Neueinschätzung der Heimat beziehungsweise die Sehnsucht danach auf. Dies signalisierte Uwe Kolbe in dem erwähnten Sonett „Für den Anfang". Da kommt die Heimat ohne Zynismus ins Bewusstsein:

> Ich will es hier zu Anfang gleich gestehen,
> wie das Gewissen mir noch immer schlägt,
> und sie, fernab, mir stets vor Augen steht,
> die Heimat, die zugleich ich lauthals schmähe.

In der fremden Welt des Westens denkt man – unvermeidlich vergleichend[236] – über seine Herkunft beziehungsweise die alte Zeit und die fremde neue Zeit nach.

---

[234] Vgl. G. Kluge: „Die deutsche Teilung im lyrischen Gedicht der DDR", S. 28f.

[235] „Der Rhein ist noch nicht Deutschland | und die Alpen nicht | die Heide nicht | das Haus im Wiesengrunde | ist noch nicht Deutschland [...] Wenn man ‚Deutschland' spricht, | nennt man die Erde und den Menschen | in einem Bunde", in: Deutscher Schriftstellerverband (DSV) (Hg.): neue deutsche literatur, Oktober 1984, S. 23.

[236] Vgl. hierzu die darauffolgende Strophe: „Liebe Freunde, halb im Wohl und ganz im Wehe, | wenn mir der Westfraß oft den Darm aufbläht, | liegts daran, was die Elbe mir herträgt. | Da wird die zarteste Taube letztlich zähe."

(Dies ist auch ein Grund für die allgemeine „Ostalgie" gewesen, die sich langsam als Begriff etabliert.) Vergleiche kommen oft mannigfaltig, in Metaphern vor. Für Uwe Kolbe, der sich mit „Hans Heimatlos der Name"[237] vorstellt, ist die westliche Welt, die er eben kennengelernt hat, ja, ein „Schlaraffenland", wo ihm aber „der Westfraß oft den Darm aufbläht" und „die zarteste Taube" schließlich „zäh" wird oder er die eigene Position als die von einem „Frosch auf dem Mittelstreifen der Autobahn" bezeichnet. „Ich aber suche" nämlich ein Land, „gleich weit entfernt von Daimlerland und Preußen" – eine Utopie.

*

Nach Jahren im wiedervereinigten Raum Deutschlands fallen Gedichtbände auf, in denen immer noch oder erneut die Heimat thematisiert wird: Sie stammen sowohl von Autoren, die im Westen beziehungsweise in dem vereinigten Deutschland erfolgreich angekommen sind, als auch von solchen, denen mit der Wende so hart widerfuhr, dass ihre existentielle Grundlage – ob sie daheim blieben, ob sie einer Odyssee ausgesetzt waren – unrettbar erschüttert ist. Hier kommen vier Gedichtbände in Betracht, die zwar thematisch gleich, aber von sehr unterschiedlichen Ausgangspunkten und Haltungen her Heimat thematisieren.

Vier Autoren, vier Aspekte, sind dabei fast nebeneinander zu stellen – in der Hoffnung, dass die relativ lose Aneinanderreihung verschiedener Positionen und unterschiedlicher Annäherungen zu einem (gemeinsamen) Thema die Situationsverbundenheit des alten und neuen Themas besser veranschaulichen wird als eine systematische Auslegung.

### IV.1. Poetische Chronologie eines „Spätgeborenen": *Porzellan* von Durs Grünbein

Ein angeblicher „Nachgeborener" hat dreizehn Jahre lang emsig an einer poetischen Chronologie seiner Heimat gearbeitet: *Porzellan. Poem vom Untergang meiner Stadt* – der letzten Fußnote nach „geschrieben zwischen 1992 und 2005". Jeden Februar sollen rund um den Gedenktag Gedichte zu immer dem gleichen Thema Dresden entstanden sein, bis schließlich 49 Gedichte im Band *Porzellan* zusammengetragen sind: Diese seien „Elegie[n]", die „wie Schluckauf" (1)[238] wiederkehrten. Sie bestehen formal zwar nicht gerade elegisch aus Distichen – Hexametern und Pentametern –, sind aber sämtlich gereimt. Das Thema ist die bombardierte Barockstadt Dresden: Heimat mit historischem Stigma. Das Eröffnungsgedicht dient (mit den darauffolgenden zehn) als eine Art Themenvorstellung:

---

[237] Uwe Kolbe: „Hamburgischer Frischfisch", in: ders.: *Vaterlandkanal. Ein Fahrtenbuch*, S. 37.

[238] Durs Grünbein: *Porzellan. Poem vom Untergang meiner Stadt*, Frankfurt/Main 2005, S. 1. 49; Gedichte sind nummeriert, aber die Seiten sind nicht paginiert. Die Zahl 1 hier ist also keine Seitenzahl, sondern die Nummer des Gedichtes, ebenso in nachfolgenden Zitaten.

1

Wozu klagen, Spätgeborner? Lang verschwunden war
Die Geburtsstadt, Freund, als deine Wenigkeit erschien.
Feuchte Augen sind was anderes als graues Haar.
Wie der Name sagt: du bist zu flink dafür, zu grün.
Siebzehn Jahr genügten, kaum ein Jugendalter,
Auszulöschen, was da war. Ein strenges Einheitsgrau
Schloß die Wunden, und von Zauber blieb – Verwaltung.
Nicht aus Not geschlachtet haben sie ihn, Sachsens Pfau.
Flechten wuchsen, unverwüstlich, über Sandsteinblüten.
Elegie, das kehrt wie Schluckauf wieder. Wozu brüten?

Die ersten fünfeinhalb Verse stellen die Ausgangsposition des Dichters vor: Ein Spätgeborener, *Grün*bein, will über seine Geburtsstadt schreiben. Distanziert – „Freund", „deine Wenigkeit", „wie der Name [*Grün*bein] sagt" – , doch mit gemischten Gefühlen; siebzehn Jahre sind seit dem Mauerfall vergangen. Die folgenden dreieinhalb Verse (V. 6-9) resümieren die Geschichte – die sozialistische Vergangenheit und die Vorgeschichte – in poetischer Sprache pikant: Ein „Einheitsgrau", das die Wunde schloss, steht für die einzig waltende „Verwaltung" in der entzauberten Welt, und dass Sachsens Pfau geschlachtet wurde, für das Bombardement im Februar 1945. Der Schlussvers gehört dann zur Meta- beziehungsweise Erzählebene.

Das Hauptthema erklingt hier in einer animalischen Metapher: „Sachsens Pfau", die prächtige Barockstadt von einst, wurde demnach „geschlachtet", und zwar „[n]icht aus Not". Das Thema ist durchgehend variiert – mal faktisch und sachlich darstellend, mal metaphorisch. In zwei Versen im nächsten Gedicht etwa – „Augusts Pracht [...] Nie gutzumachen, diese Nacht. | Schwarz vom Phosphorbrand: das sandsteinhelle Schloß." (2) – steht die Pracht von „Sachsens Pfau" „diese[r] Nacht" gegenüber. Die Ursache der schwarzen Stadtbilder wird noch konkreter erklärt: „[A]uf Straßen, Todesfallen, brodelte der Teer", „[o]der die Kohle | Aus den Menschen, die da wohnen", entstand. Eine „Opernpause nur" oder „Zeit zum Zigarettenholen" soll es gedauert haben.

Dieses „Inferno" wird im Ganzen aus verschiedenen Perspektiven, sogar zugespitzt „aus dem All gesehen" (7) – als ein „Inferno auf der Nadelspitze": ein geschnitzter Kirschkern, „ein Wunderding", in das ein Juweliermeister 185 Menschengesichter in panischer Miene in mikrokosmischer Gedrängtheit eingeschnitzt hat (7)[239]:

Augen schreckgeweitet, lauter schreiende Gesichter,
Ein Inferno auf der Nadelspitze, Tröpfchen, glitzernd.

---

[239] Diese Kostbarkeit befindet sich im Grünen Gewölbe der Dresdener Staatlichen Kunstsammlungen. Dieser berühmte, irgendwann vor 1589 unter der Lupe geschnitzte Kirschkern soll 185 Gesichter zeigen, lässt – nach der Angabe des Museums – tatsächlich immerhin 113 Gesichter erkennen.

Kaum zu fassen, da – in nuce – war verdichtet,
Was der Stadt bevorstand demnächst – zum Emblem.
Dresden selbst war jener Kirschkern, aus dem All gesehen.

Die erlittene Katastrophe wird dann immer wieder in ihrem geschichtlichen Kontext bedacht. Somit stellt eine Gruppe von Gedichten, besonders 19-24, das Nachdenken über die Geschichte – „Ach, Geschichte" (21) – dar, die zu der Katastrophe Dresdens geführt hat; diese Reflexion erweitert sich dann in der folgenden Gruppe (25-27) mit einer über das ähnliche Schicksal von Warschau. Mit unverdaulichem „Schamgefühl" (11) wird darüber nachgedacht, was man überall für „ein Linsensuppenmahl" (48) hergab, wie über die Folgen.

In „Porzellan – zerbrechlichstes" (49), „Püppchen, Vasen und Geschirr aus weißem Meißner Gold" (4), das aber leicht zerbricht, fröhlich zum Glücksbringer („Polterabend") werden kann oder sogar historisch massenweise zerbrochen wurde, findet das Thema einen metaphorischen Nebenstrang zum Hauptthema Geschichte. Formal ist diese Porzellan-Gruppe (28-39) im Zentrum des Gedichtbandes und gibt ihm den Titel. Die Gedichte stehen für das Kostbare, das billig zerstört worden ist: Meißner Wunderwelt", „l'art pour l'art" (46). Sie stehen aber auch in Kontrast zur Weltgewalt.

In den Schlussgedichten (42-48) wird über den „Dresdener Untergang" nochmals relativ konkret reflektiert. In einer Nacht sollen (fünfundzwanzigtausend) Menschen verkohlt worden sein. Jene Katastrophe soll jedoch laut Kriegsbericht ein „bloßer Job" (48) gewesen sein. Dies ist anscheinend – im Hinblick auf das im Ganzen als roter Faden durchlaufende Thema – das Schlusswort des Dichters. Im letzten Gedicht, im Epilog, wird anschaulich, wie beide Themen verzahnt sind:

49
Komm ins Zentrum. Und wo liegt das? Unterm Stolperstein
Dir zu Füßen, tief im Erdreich. – Bleib da, geh nicht weiter.
Wo der Staub noch flüstert, dreht sich: eine Welt im kleinen.
Falkner sind da, Winzer, Nymphen mit dem Muschelhorn
Oder Putten, froschgesichtig, Schwan- und Seepferd-Reiter.
Schäfergruppen, schöne Gärtnerinnen, Fabeltiere …
Porzellan – zerbrechlichstes. Warn sie nicht früh verloren,
Diese heiklen Formen. Worum geht's hier? – Einer lauscht,
Was die Töchter Mnemosynes ihm diktieren.
Und er tauscht die Zeiten, Räume, Maße, tauscht und tauscht.

Der Gegenstand dieser poetischen Erinnerungsarbeit wird erheblich erweitert, indem darauf hingewiesen wird, was „Unterm Stolperstein | Dir zu Füßen, tief im Erdreich" liegt. Der Hinweis auf die Stolpersteine[240] ist einerseits Erinnerung,

---

[240] Hier scheint der Stolperstein eine übliche Metapher zu sein; wegen der jüngsten, besonderen Prägung dieses Wortes bleibt die Möglichkeit, daraus viel mehr abzulesen.

andererseits Erweiterung der Perspektive. „Wo der Staub noch flüstert, dreht sich: eine Welt im kleinen" (49). Man denkt all das mit, was unter der Erde liegen kann: die gewesenen Welten. Indem dabei eine Palette bunter märchenhafter Figurenmotive des Meißener Porzellans genannt wird (V. 4-6), indem „früh verlorene" Kunstwerke mitbeschworen werden, ist auch die Kunst und ihre Zerbrechlichkeit im Zusammenhang mit der historischen Zerstörung bedacht.

Also: „Einer lauscht, | Was die Töchter Mnemosynes ihm diktieren. | Und er tauscht die Zeiten, Räume, Maße, tauscht und tauscht." Position und Rolle des Dichters sind angegeben. Die Dresden-Katastrophe bleibt nicht Stigma, sie hat ein Erinnerungspotential: Über die Geschichte wird nachgedacht. Dies geschieht hier, indem man schreibt, und zwar eben die Zerbrechlichkeit thematisiert – mittels der mit in Frage gestellten Kunst also. Was so aufgeschrieben wird, bildet, wie das dargestellte Porzellan, ein kunstvolles Werk – oder: Während Grünbein von der Zerbrechlichkeit spricht, pflegt er doch noch die zerbrechliche Kunst – vielleicht Arbeit für die Dauer. (Die Dichterrolle dabei ist klassisch, was auch mit klassischer Gebärde erklärt wird.)

Die Heimat ist für Grünbein anscheinend ein Ort, tief mit seiner geschichtlichen Wunde verbunden. Ihre Verwurzelung in der Vorgeschichte wird eben mit kunstvoller Darstellung voller feiner Metaphorik gezeigt. Auf diese Weise wird seine Heimatstadt Dresden ihrerseits mit ihren historischen Ansichten sozusagen in die Vitrine gestellt.

## IV.2. Heimweh von einem, der „als verbranntes Kind in die Welt rannte": Wolf Biermanns ubiquitäre *Heimat.*

Man wird alt. Auch Wolf Biermann. Biermann bleibt aber Biermann. Der Gedichtband, den er im Jahre 2006 mit siebzig veröffentlicht, trägt einen überraschend naiven Titel: *Heimat. Neue Gedichte.* Der Gedichtband ist in zwei Teile gegliedert, deren beide Titel ebenso naiv und lapidar sind: „Heimat" und „Heimweh". In den Gedichten im ersten Teil finden sich – relativ – mehr Bezüge auf Herkunft oder Wohnorte, während im zweiten Teil mehr die südliche Landschaft vertreten ist. Deutlich werden Züge– oft emphatisch hervorgehoben – eines alten Dichters, aber zugleich des unverändert energischen Liedermachers.

Dem Titel gemäß ist das Thema der Gedichte überwiegend die „Heimat". Die Heimat ist dabei räumlich höchst ausgedehnt. Sie bezeichnet drei Flecke auf dem Globus, ein schiefes Dreieck mit langen Verbindungslinien: die Gegend um Hamburg – Flensburger Förde –, dann aber Südfrankreich und Erez Israel.[241]

Hamburg an der Elbe: Seine gebürtige Heimat wie das Zentrum seiner poetischen Versuche ist der Ort, wo er „als gebranntes Kind durch das große Feuer der Bombennächte raus in die Welt rannte, immer dorthin, wo keiner je an-

---

[241] Die Berliner Chausseestraße, sein langjähriger Wohnsitz in der DDR, kommt zwar vor, aber nicht in eigentlich „heimatlichem" Licht.

kommt: in der Heimat"[242] – also sein geographischer wie politischer Ausgangs-
punkt. Er ist „auf der Flucht", also nicht in der Heimat verankert.

Die flache norddeutsche Landschaft in der Umgebung wird nun erst mit
neuen Blick des alten Dichters wiederentdeckt und erlebt. Er beobachtet etwa
mit Erstaunen – fast kindlich entdeckend – die Ernte:

> Und darum sind auch die Himmel so weit
>     Wie isser, der Wind auf dem Weizenfeld?
> – schön stark isser und schön schwach. […]

> Nun kaute ich zwei drei Ladungen Korn
> Und merkte: So frißt man sich selbst aus der Hand
> Das ungebackene Brot schmeckte mir
> Wie Manna, bald wurde die Pampe schon süß
> Im Mai. Solche extravaganten Genüsse
> Sind alt wie die Menschheit. Ich dachte: Mensch Biermann
> Du lebst ja noch immer lebendig, auch hier, Mann
> Noch läuft dir das Wasser zusammen im Mund
> Noch mahlen dir die eigenen Zähne das Mehl
> Noch schließt dir der Speichel den Zucker auf
> Noch sagt dir der Sensenmann: Warte! gemach!
> So lief ich im Abendlicht glücklich nach Haus
> Und so war der Wind auf dem Weizenfeld
> – schön stark war er und schön schwach
>                 „Erntezeit an der Flensburger Förde"[243]

Selbst in der nun möglichen heimatlichen Idylle wird der Gedanke noch mit dem
Tod verbunden. Die ersten Verse lauten: „Es ist ein Schnitter, der heißt nicht
Tod | Ich glaube sogar: Er heißt Leben." Ansonsten ist diese Gegend um Ham-
burg aber für Biermann vielmehr der Ort für die Erinnerung an das Schicksal der
Juden und die erlebte Katastrophe der jüngsten Geschichte Deutschlands. Im-
mer wieder kehrt sein Gedanke zur deutschen Geschichte und Familiengeschich-
te zurück. Ein Paradebeispiel dafür ist das Gedicht „Milchstraße": Vom Sternen-
himmel wendet sich der Blick des Dichters – statt etwa träumerisch zu schweifen
– unmittelbar zum Massengrab in Minsk und dann – in einer fast zweieinhalb-
seitigen Fußnote in kleiner Schrift – zum Schicksal seiner Tante Rosi, die dort
vor einer Grube erschossen worden war, und zum Schicksal der Juden überhaupt.
Es dominiert die eigene Lebensgeschichte. In der Zerstörung beginnt die Heimat.

---

[242] Wolf Biermann: *Heimat. Neue Gedichte*, Hamburg 2006, Klappentext.
[243] Ebd., S. 16f.

Erez Israel: Eine andere Heimat liegt in der Ferne. Die steinige judäische Wüste gewinnt bei dem Dichter einen unverwechselbaren Wert als Heimat – als Ziel der Orientierung und Wendung zur Wurzel des Volkes. Diese ferne „Heimat" liegt aber stark im Licht einer Utopie:

> Wenn endlich ein Regen in Israel fällt
> Dann grünt und blüht die judäische Wüste
> Es warten im Sande die Samen da
> Vom Jordangebirg bis zur Küste.[244]

Daher ist Erez Israel auch als Ort der Versöhnung dargestellt. Hier finden sich auch alte, geschichtlich und politisch bedingt verfeindete Leute wieder, etwa Biermann und Stefan Heym.[245] Aber auch auf die Konflikte mit den Palästinensern wird hingewiesen.[246]

Der Ferne gilt das Heimweh Biermanns: Über eine kleine Ortschaft in Südfrankreich, Banyuls sur mer, schrieb Biermann Lieder und schickt ihnen eine selber gemachte, kartographische wie malerische Skizze voraus.[247] Dieser südfranzösischen Idylle an der spanischen Grenze, in der Biermann endlich seine Heimat gefunden haben soll, gilt sein Heimweh: Fast der ganze zweite Teil („Heimweh") des Bandes steht dafür. „Hier ist die Welt | Noch gut und rund."[248] Biermann gibt als Grund an:

> Berlin tut mir weh und Hamburg auch
> Ich kenne dort jeden Hundestein
> Dort bin ich als Fremdling wohlvertraut
> Dort lauern die Seelenzipperlein
> An jeder Ecke springen mich ja
> Tollwütige Freunde wie Feinde an
> Dort zieht meine Drachentäter-show
> Mich selbst pathetisch in ihren Bann
>
> Drum liebe ich jeden Stein in Banyuls
> Und jeden Fels, jeden Weinberg hier
> Sie lächeln, wenn ich vorübergeh
> Sie kennen mich nicht und verklären mir:
> Ein Mensch bist du, und das heißt: ein Nichts[249]
> „Uralte Kulturlandschaft"

---

[244] Ebd., S. 85.
[245] Vgl. das Gedicht „Mishkenot Shananim in Erez Israel" ebd., S. 84f.
[246] „Wenn die Sonne eine Stunde", ebd., S. 78f.
[247] Der Drang, etwas über Banyuls zu vermitteln, scheint groß zu sein; vgl. ebd., S. 90f.
[248] Ebd., S. 97.
[249] Ebd., S. 136.

Mit anderen Worten: „Das Rot hier am Himmel ist doch nur Spaß | Kein Blut und kein Klassenkampfgeschrei."[250] Und „[v]om frischen Morgenwind blitzblank gewaschen | Steht mir das Pyrenäen-Massiv im Fenster".[251] Hier erlebt also der „Deutschland"-müde Dichter Entspannung. Vom so erlebten einfachen Leben ist viel gesungen: „Beim fliegenden Händler" kauft er frische Austern,[252] hört Mädchengesang, „ditscht" – meisterhaft – Steine, brät geschickt eine Sardine, tanzt immer wieder Sardana, schläft unter freiem Himmel, genießt den Muskatwein und in besonders hohem Maße die Liebe usw. usf. Hier liest Biermann „zum ersten Mal" auch Gedichte Gottfried Benns, eine hermetische, sicherlich aus der Gegenposition her entstandene Lyrik.[253] Es geht also um die Begegnung mit der Natur, um Eintauchen in Anonymität und Aufhebung in „Nichts":

Selbst in der gefundenen idyllischen Heimat bleibt ihm aber die Geschichte im Bewusstsein. Diese gefundene „Heimat" liegt eben auf dem Fluchtweg vieler, auch Walter Benjamins. Somit wird mehr oder weniger unvermeidlich die faschistische Geschichte Spaniens wie Deutschlands mitbedacht – weiterhin die europäische Geschichte von der französischen Revolution („Camille Desmoulins, Camille Desmoulins") bis zum Kommunismus, der bis in die Gegenwart hinein weiterwirkt („Mielke war es, der kämpfte").[254]

Der Sprung von Natur zur Geschichte fällt auf. Die Geschichte ist in die Natur eingedrungen: Geschichtslandschaft. Selbst die Idylle scheint in Wahrheit keine „Heimat" zuzulassen. Auch hier ist die Heimat nämlich Ort des Entkommens. Im Gegensatz zu der Dominanz der eigenen Lebensgeschichte im Zusammenhang mit der gebürtigen Heimat fällt hier die Dominanz der Geschichte auf.

Noch eine Heimat, eine vierte, sollte wohl noch dazugezählt werden: Eine vorbehaltlos geschätzte Heimat findet Biermann nämlich in der Liebe, um mit ihm zu reden: in seinem „Weib".[255]

✻

Von seinem „Hunger" nach Heimat, dem Grund für so viele Heimaten, spricht Biermann gerne und daher schon im Eröffnungsgedicht:

---

[250] Ebd., S. 160.

[251] Ebd., S. 161.

[252] Ebd., S. 193.

[253] „Ich hab hier in France als alter Kerl | zum ersten mal in Ihr Werk reingerochen | und will es Ihnen neidlos gestehn" – er „musste" die Gedichte „[b]ewundern, noch schlimmer: genießen", sogar „Sardana mit Benn in Banyuls", ebd., S. 150f.

[254] Hier erfährt der Leser die im Auge Biermanns schon suspekte Vorgeschichte des Stasi-Chefs Mielke in dieser Gegend; vgl. ebd., S. 141.

[255] Wach bleibt sein Sinn dafür. Selbst die flache norddeutsche Landschaft wird als eine liegende Schöne sinnlich beschrieben („Venus in Angeln" ). Neben den Bildnissen eines alten Dichters sind viele (sinnliche) Liebesgedichte zu finden, darunter sogar Sonette: seine Übersetzung der Schakespeare-Sonette hat deutliche Spuren hinterlassen: Im Shakespeareschen Maß legt er fünf regelrechte markante Sonette vor: „Bildnis eines alten Dichters"(35), „Krankes Molliekind" (30), „Eifersucht" (125), „Steineditschen" (128) und „Szenen einer Ehe" (161).

Ich suche Ruhe und finde Streit
Wie süchtig nach lebendig Leben
Zu kurz ist meine lange Zeit
Will alles haben, alles geben
Weil ich ein Freundefresser bin
Hab ich nach Heimat Hunger – immer!
Das ist der Tod, da will ich hin,
Ankommen aber nie und nimmer [...]
                „Heimat"[256]

Biermanns „Heimweh", Heimathunger, weist deutlich darauf hin, dass man ohne Heimat nicht auskommen kann – jemand aus der DDR anscheinend noch weniger. Darin ist, auch angesichts der Pluralität der Heimat Biermanns, deutlich ein Utopie-Ersatz zu sehen; die Vermutung liegt nahe, dass Heimweh eine realistische Portion von den in der post-ideologischen Zeit noch geäußerten utopischen Gedanken sein kann – noch direkter –, dass Heimat ein anderer, heute noch möglicher Name für Utopie ist.

## IV.3. Czechowskis Odyssee: zwischen *Mein Venedig* (1989) und *Mein Westfälischer Frieden* (1998)

Die Heimat ist bei Heinz Czechowski (1935-2009), dem „feinen Beobachter persönlicher und überpersönlicher Schicksale", anschaulich schon vor der Wende im sozialistischen Einheitsgrau des Alltags – als kläglich geschrumpft und verrottet gekennzeichnet. Nach der Wende erlebt er eine unruhige Odyssee im Zeichen des Untergangs. Der Band *Mein Venedig*,[257] der im Wendejahr erschien, zeigt die Basis, auf der er einer veränderten Welt begegnete. Der Band enthält auch Prosatexte, zu denen Czechowski mitten im Gedicht übergeht, wie „Mein Venedig"[258] und „Meine Besitztümer". Letzteres ist ein Bild vom Elend, eine Art

---

[256] W. Biermann: *Heimat*, S. 11.

[257] Heinz Czechowski: *Mein Venedig. Gedichte und andere Prosa*, Berlin 1989. Ausnahmsweise ist im Impressum der Monat August angegeben: Der Band erschien also dabei vor dem Mauerfall.

[258] Heinz Czechowski: „Mein Venedig", in: *Mein Venedig*, S. 58f.

„Ich habe die Stadt, deren versinkender Ruhm mir nah ist, in Wirklichkeit niemals gesehen. Doch ich will versuchen, davon zu berichten, wie sie mir einmal erreichbar schien und doch ferner denn je.

Ich müsste mich schon sehr täuschen, wenn ich mich irre, daß die Landschaft, in der ich mich plötzlich wiederfand, nicht an jene Gegend erinnerte, wie sie um die Müllkippe in unserer Nähe beschaffen ist. Von der Buchhandlung, in der ich eben noch aus meinen Gedichten gelesen hatte, weiß ich nicht mehr sehr viel. Es war eine Buch- und Kunsthandlung wie manche. Das Gebäude freilich, in dem sie untergebracht war, schien mir etwas improvisiert. Es war aus den Resten abgerissener Häuser errichtet, aus Pappwänden, ausrangierten Fenstern, eben aus allem, was sich bei Abriß eines Hauses bergen und wieder verwenden läßt. Aber das beunruhigte mich nicht. Der Buchhandlung selbst war wenig davon anzumerken, daß sie in einem aus Abrißmaterial errichteten Gebäude untergebracht war, das auf einer riesigen Müllhalde stand.

tragikomisch Inventur, [259] ersteres ein ebenso trister Lagebericht vom Schriftstellerlalltag.

Der Text geht eben wegen der dargestellten prosaischen Realität zur Prosa über. Es sind Alltagsszenen, aber wahre Bilder vom Elend. Detaillierte, ungeschönte Darstellung vergegenwärtigt dem Leser eine nackte, verrottete Existenz, nach dem Autor selber: „Alle Vergleiche | Hinken davon: Ja, unser Leben | Im Ghetto des Sozialismus[...]" Einst, in seinen Anfängen (1967), hat Czechowski

---

Auf den Tischen stapelten sich Bücher, an Leinen hingen, mit Klammern befestigt, Lithographien, auch namhafter Meister, und Poster, wie man sie heute überall findet.

Daß meine Lesung sehr erfolgreich war, wage ich nicht zu behaupten. Dem widerspräche schon die geringe Zahl der Anwesenden, drei oder vier alte Damen, die offenbar Rilke, aber nicht mich erwartet hatten. Die Buchhändlerin, eine sehr frauliche Mitdreißigerin mit starker erotischer Anziehungskraft, die vor allem von ihrem opulenten dunklen Haar ausging, assistiert von einer noch jungen, etwas faden Blondine, war freundlich und gab zu erkennen, daß sie das von mir Geschriebene persönlich schätzte, hier aber in dieser Umgebung kein Publikum zu finden sei, das ihr, besonders bei Lyrik, Gefolgschaft zu leisten imstande wäre.

An Enttäuschungen dieser Art gewöhnt, strich ich schließlich und ohne zu seufzen das vereinbarte Honorar ein, wechselte mit der schönen Buchhändlerin noch ein paar unverbindliche Freundlichkeiten und fragte sie nach dem kürzesten Weg in die Stadt, die sich seltsamerweise Venedig nannte, worüber ich mir bisher freilich keine Gedanken gemacht hatte.

Im allgemeinen, fügte die Buchhändlerin hinzu, sei es nicht schwer, dorthin zu gelangen. Zwar sei der Weg über die Müllhalde, die sich bis zum Wasser erstreckte, nicht gerade sehr appetitlich, jedoch sei er der kürzeste. Unten am Wasser käme nicht selten ein Wassertaxi vorbei, das ich nur anzuhalten brauchte, um rasch in die Stadt zu gelangen."

[259] „Meine Besitztümer blicken mich vorwurfsvoll an. Natürlich reden sie nicht mehr mit mir. Sie ließen mich wissen, daß ich ihr Vertrauen verscherzt habe. Neulich, Weihnachten, kam es zum ersten Zwischenfall: Eine Tasse warf sich mir an den Kopf. Ich habe den Fehler gemacht, klein beizugeben. Als ich nach dem Zwischenfall im Bett lag, wußte ich plötzlich, daß dieser Fehler niemals wieder gutzumachen ist. Meine Ahnung hat sich bestätigt. Selbst meine Stühle beginnen, mir ihre Dienste zu verweigern. Meine Zahnbürste streikt und aus dem Tauchsieder dringt Musik, während mein Radio von Tag zu Tag eine intensivere Wärme ausstrahlt, so daß ich es nicht mehr einschalten kann, ohne einen Brand zu riskieren. Zu Hause geht es ja noch, da bleiben die peinlichen Zwischenfälle sozusagen unter uns. Aber auf Reisen führt der Konflikt zu nahezu katastrophalen Zwischenfällen. Als ich neulich im Zug meinen Koffer öffnete, schlug mir der Gestank fauler Eier entgegen. Mein Mitreisender beschwerte sich sofort beim Zugführer. Ich mußte in Jüterbog den Zug verlassen. Dort verlor ich den Schuh meiner Sohle. Lauter Fehlleistungen, dachte ich, doch ein Schuhmacher war nirgends zu finden. Ein mitleidiger Autofahrer nahm mich nach Wiepersdorf mit. Dort auf der Bank hinter Bettinens Schloß, wo das Märchen vom Rotkäppchen zu Hause sein soll, saß gähnend und die Beine übereinander geschlagen der Wolf. Er wollte sich gar nicht erst anhören, was ich ihm zu erzählen gedachte. Stattdessen rauchte er Zigaretten, die ihm sein Onkel aus der Lüneburger Heide geschickt hatte. Bei jedem Zug hörte ich die Wackersteine in meinem Bauch rumpeln. Da mußte ich wieder mit Entsetzen an meine Besitztümer denken. Gott sei Dank befindet sich darunter kein lebendes Inventar. Abgesehen von einigen Fliegen, aber die sind auf meiner Seite. Das ist eine Hoffnung. Ich beschloß, einen Kanarienvogel zu kaufen. Vielleicht daß er, als Mitbringsel, meinen Hausstand wieder ins Gleichgewicht bringt. Denn glücklicherweise bin ich unverheiratet, was alles etwas einfacher macht."

Heinz Czechowski: „Meine Besitztümer", in: *Mein Venedig*, S. 44f.

124

aber ein „Lob des Hierseins" geschrieben.[260] Seine Lage nach der Wende scheint sich nicht verbessert zu haben, eher im Gegenteil.

Heinz Czechowski zeigte schon lange „das Individuum im Kontext der Geschichte". Seine Gedichte, die seit der Wende erschienen, konzentrieren sich thematisch auf den Heimatverlust – schon daheim und weiterhin in der Fremde. Das ist im Gedichtband *Mein Westfälischer Frieden* besonders auffällig und nicht viel weniger in dem Sammelband *Die Zeit steht still. Ausgewählte Gedichte* (2000), eine große Auswahl aus dem lyrischen Werk des Dichters in chronologischer Reihenfolge.

Gedichte sind von Ungeduld und Mühe geprägt, mit der man sich so verzweifelt wie für sein letztes Gedicht[261] dafür einsetzt, seiner armselig zerrütteten Existenz irgendwie einen Ausdruck zu geben und somit sie zu bewältigen. Aus dem letzten Zyklus des Bandes *Die Zeit steht still* spricht die Unsicherheit dessen, der ohne Anpassungsfähigkeit völlig vereinsamt ist.

DAS SYSTEM, DAS MICH LEBEN LIESS,
War selber nicht lebensfähig.
Das andere zeigt mir
*Die kalte Schulter des Kapitalismus.*

Als ich meine Akte
Gelesen hatte, wurde mir klar: die
Kontinuität meines Lebens
Ist keineswegs abhängig
Von dem einen und
Dem andren System.

Das spartanische Leben
Ist jetzt nur eine milde Umschreibung
Meiner wirklichen Existenz:

Keine Post, keine
Anrufe, keine Nachrichten,
Nur die Hiobsbotschaften
Erreichen mich ohne mein Zutun.

---

[260] Heinz Czechowski: *Wasserfahrt. Gedichte*, Halle (Saale) 1967, S. 8.

[261] Hierzu wäre Alexander Nitzbergs Kommentar erwähnenswert: „Zwei Dichter wurden 70 – erst Peter Rühmkorf, dann Hans Magnus Enzensberger. Siebzig ist eine runde Zahl. Warum in aller Welt feiert Heinz Czechowski bereits fünf Jahre zuvor? Kann er nicht noch etwas warten? Er selbst gibt darauf eine nüchterne Antwort: ‚ich würde nicht zu sagen wagen, | Ob das Jahr 2000 tatsächlich stattfinden wird. | Unvorherzusehende Zwischenfälle, | Wie zum Beispiel ein 65. Geburtstag in jenem Jahr, | Könnten einen letalen Ausgang annehmen lassen.' Der eventuell letale Ausgang ist also der Grund. Und er fügt – noch kühler – hinzu: ‚Und dann ist es doch ziemlich gleichgültig, | Ob das Jahr 2000 stattfinden wird oder nicht.'" Heinz Czechowski: *Die Zeit steht still*, Düsseldorf 2000, S. 233.

Das Jahr 2000 fand übrigens statt, und Czechowski starb im November 2009.

Isoliert und unglücklich befindet sich der Autor – ob daheim, ob in der Fremde. Einer fremden, kalten, kapitalistischen Gesellschaft kann er sich nicht anpassen. Mit dem kurzlebigen System, das ihm das Leben diktiert hatte, brach er endgültig nach der Stasi-Akten-Einsicht. Das „spartanische Leben" sei jedoch „eine milde Umschreibung seiner „wirklichen Existenz". Keine guten Nachrichten erreichen ihn mehr, nur noch böse wie Hiobsbotschaften.

Unverhohlen ist die Not benannt. Ein solcher Lagebericht findet variiert seine Fortsetzung:

**Evokation der Provinz**

Zwischen Leipzig und Magdeburg
Steppenartige Landschaften
Schwarz und verrottet,
Aufgelassene Kleingärten, die Martyrien
Der Drogen vorprogrammiert. *Evokation*
*Der Provinz?* – Im „Haus des Buches"
Zu Leipzig: die Mauer,
Aus Büchern geschichtet, ver-
Goldet.

Ich aber rede, wie
Um das Leben zu überlisten,
Von meinem
Westfälischen Frieden.

Von seinem „Westfälischen Frieden" ist die Rede, und die öde Landschaft zwischen Leipzig und Magdeburg wird herbeigeholt. „Schwarz und verrottet" ist sie. Im Kontrast steht sie zu dem idyllisch und literarisch / philologisch klingenden, realitätsfernen Titel – vermutlich von einem literarischen Programm im „Haus des Buches".[262] Noch im Kern Sachsens redet der Dichter schließlich von seinem „Westfälischen Frieden".

Dieser angebliche Frieden setzt einen Krieg, den verheerenden, allgegenwärtigen Dreißigjährigen, voraus – dermaßen, dass die Rede davon die Strategie sein sollte, nichts anderes als „das Leben zu überlisten". Ist es so, muss große Not herrschen.

Czechowski zog tatsächlich nach Westfalen um – er bewegte sich horizontal fast bis zur westlichen Grenze. Auch da, „AUCH HIER IN WESTFALEN" ist er ausdrücklich „ein Gast im eigenen Land" und fragt oft „Was inmitten | Der Heimatlosigkeit | Gilt?"[263]

---

[262] „Evokation", „Haus des Buches" und „die Mauer" (aus Büchern) stehen nämlich vor allem im Druckbild vertikal in einer Reihe, während die Reihe der ersten Wörter von „steppenartige (Landschaften)", „aufgelassene (Kleingärten)", „Drogen" und „Provinz" der anderen Reihe von „Leipzig", „aus Büchern" und „(ver-) Goldet" auffällig gegenüberstehen.

[263] H. Czechowski: *Mein Westfälischer Frieden. Ein Zyklus*, Köln 1998, S. 93.

Was gelten all seine Verfallsgeschichten, sozusagen „am eigenen Leib"?, fragen wir.

Stationen seiner Odyssee bis dahin werden ab und zu genannt. Ein „Zuhause" lässt sich nirgends finden. Sogar von außen ist sichtbar, dass er den Weg verloren hat: „Du hast keine Heimat mehr", sagt man zu ihm.[264]

Im Rückblick das wahre Bild von Heimat, das Czechowski gibt, zeigt den Grenzgang zwischen einer Ehrlichkeit und extreme Verzweiflung.

### Wirkliche Heimat

Wirkliche Heimat, das
Gab es nur einmal: das war,
Als wir die Mühle in Dohna
Plünderten und die Mehlsäcke
Über die lange, im Mai schon heiße
Straße schleppten, heimwärts, ins Haus
Meiner Großmutter, während der Müller
Rief: *Laßt mir doch wenigstens*
*Meine Siebe ganz!* Da waren wir,
Bevor die Russen mit
Fahrrädern, Pferdefuhrwerken, Studebakern
Kamen, einmal
Eine Familie. Heute, im fernen
Schöppingen, denke ich, jetzt
Müßte ich schleunigst zurück, zu Fuß
Auf der langen, heißen, staubigen
Straße, ins Haus
Meiner Großmutter, das es
Noch gibt: Dohna in Sachsen,
Martin-Luther-Straße (die
Hausnummer
Hab ich vergessen).[265]

Sogar die erinnerte „wirkliche Heimat" befindet sich mitten im Krieg, und in der Erinnerung ist sie maßlos dunkel: ein von menschlichen Untaten befleckter Ort, Ort des Überlebenskampfs und von Plünderungen, die sogar selbst begangen wurden.

Ein Moment, in dem „wir", wenn auch von der Beute der gnadenlosen Plünderei, einmal satt und „eine Familie" waren, steht für „Heimat", als eine wieder zu suchende Heimat angegeben: das Moment der Zusammenkunft und der „Sättigung", egal auf welcher suspekten materiellen Basis, inmitten von Not und Armut. Aber selbst ein solches Moment gibt es dann nicht mehr. Hier geht es zur rückhaltlosen Verzweiflung über.

---

[264] Ebd., S. 191.
[265] Ebd., S. 177.

Auch in „Wirkliche Heimat" ist eine Situation vor der Gründung der DDR ausgewählt. Im Kontrast zu Grünbein und Biermann ist bei Czechowski die Heimat im Grunde positiv besetzt. Was jenen das Bombardement war, sind die Russen. Mitten im Chaos der Weltgeschichte gibt es für Czechowski noch einen Fluchtpunkt: die Familie. Er kehrt nicht zum Ort zurück, sondern nur zur Erinnerung.

### IV.4. *Stille Gesellschaft* – betrachtet von Werner Makowski

**Lutherstadt E.**

Mein Städtchen ist ein enges Vaterland.
Der miese Kleingeist füllt es bis zum Rand.
Warum ich hier verharre: Hören sie,
Wer das besteht, dem stirbt die Menschheit nie.[266]

Dies ist eine andere mögliche Haltung zur maroden Heimat. In diesem Fall kommt ein Ortswechsel nicht in Frage. Das Ich setzt sich vom kleinbürgerlichen Mief ab. Diese Spießerkritik wird noch einigermaßen auf sozialistischer Basis ausgeübt; die Philisterkritik wird nämlich kollektiv gemacht: „Wer das besteht, dem stirbt die Menschheit nie." Man kann, wenn man will, hier das Idealismusproblem der DDR wiederfinden. Bestehen und nicht Widerstehen – kann auch eine realistische Haltung sein.

Mit seinem jüngsten Gedichtband *Stille Gesellschaft* (2009) hat Werner Makowski (1950) etwas heutzutage Seltenes wie ein „Meisterstück" der formbewussten Lyrik vorgelegt: Der Band enthält etwa zwanzig Sonette und noch dazu sogar so eine Rarität wie einen Sonettkranz. Auch die anderen Gedichte, insgesamt 133 Gedichte, sind entweder gereimt, beziehungsweise klanglich wohlbedacht. Der Leser denkt an die sozusagen abgeschlossenen langen „Lehrjahre". Auch inhaltlich fallen traditionelle Bezüge auf: Orte und Personen der Weimarer Klassik, Shakespeare, Balzac, Heine, Heiner Müller, Peter Hacks usw. Ist aber sowohl eine solche Haltung in der Turbulenzzeit als auch solche Rarität wie ein Sonettkranz heutzutage nicht eher anachronistisch? Diese Frage darf gestellt werden.

Thematisch steht das Zeitbewusstsein im Vordergrund, wie der Titel schon andeutet. Anscheinend will der Gedichtband eine Diagnose der Gesellschaft sein. Es finden sich viele – wider die Zeit – klassisch geformte Gedichte, die im Grunde Stimmungsbilder voller Reflexionen und (Alters-)Weisheiten, aber auch eine Zeitdiagnose sind.

Ein vorausgeschicktes Motto – eigentlich für den zweiten Teil des Bandes – gilt dem Ganzen: „Das Alte stirbt lange vor sich hin | und Neues macht noch keinen Sinn. | Die Zeit, in der ich lebe, | verharrt in dumpfer Schwebe."[267]

---

[266] Werner Makowski: *Stille Gesellschaft. Gedichte*, Mainz 2009, S. 59.
[267] Ebd., S. 55.

Jedes Gedicht ist noch dazu datiert: In der Gliederung ist nach jedem Gedichttitel das Entstehungsjahr angegeben, was unmittelbar auf den zeitlichen Kontext jedes Gedichtes hinweist. Das erste Gedicht des zweiten Teils ist schon im Titel datiert („Herbst 1990") und in der Gliederung noch doppelt datiert: „1991, 2002". Was im Herbst 1990 geschah, wurde also nach drei Jahren erst niedergeschrieben und nach elf Jahren wahrscheinlich bearbeitet. Der Autor bleibt also bei seiner Aussage:

**Herbst 1990**

Ich sehe linkisch auf den Trubel
Aus dem verrosteten Turm der Kunst.
Ringsum tobt blind und taub der Jubel.
Die Welt bleibt wie sie war, verhunzt!
Ihr hört die Warnung nur mit Grimmen.
Lex mihi ars. Die alten Sätze stimmen.[268]

Konträr sind der politische wie gesellschaftliche Umbruch – „Trubel", „Jubel" – und die distanzierte Position des Dichters mittendrin: Nicht etwa aus dem Elfenbeinturm, sondern aus „dem zerrosteten Turm der Kunst" schaut er die Welt an, die nach wie vor „verhunzt" ist, und legt vorsichtig einen der alten Vorsätze vor, die doch „stimmen": Lex mihi ars – die Kunst möge mir das Gesetz sein.

Abgesehen davon, ob sie es sein kann, liest der Leser hier zunächst seine gereimten fünfhebigen Jambus-Verse, die korrekt dem prosodischen Gesetz gemäß verfassten – mit gewissem Trost wie mit gemischten Gefühlen. Denn man denkt an den „verrosteten Turm der Kunst" und – je nach Perspektive – bewundert oder bedenkt man andererseits diesen allseitig – inhaltlich wie formal – bemühten Versuch, die Kunst zu realisieren und zu rehabilitieren.[269]

Eine andere von Makowski oft benutzte Form ist das Couplet. Diese Zweizeiler mit scharfer Beobachtung der Zeitgeschichte erinnern vor allem an die *Xenien* Goethes und Schillers. Das Couplet wäre eine einfachere und zeitgemäß freiere Form für die Reflexionen als ein Distichon, das aus antiken Hexametern und Pentametern besteht, aber eine ähnlich gedrungene Form ist:

VERSUNKENE DDR

Die Dächer warn kaputt, die Menschen heil.
Hierorten sieht man meist das Gegenteil.[270]

Es geht um eine epigrammatische Zeitdiagnose. Den untergegangenen Staat DDR mit einem verrotteten Haus zu vergleichen – diese Diagnose ist nicht neu.

---

[268] Ebd., S. 56.
[269] An dem alten klassischen Vorsatz „ars mihi lex" ist jedoch eine klangähnliche vulgäre Redewendung [Leckst mi am Arsch!] nicht zu überhören. So könnte das Ganze ins Zynismus umschlagen.
[270] Ebd., S. 25.

Gewisser Humor dabei – „die Menschen heil" – leitet – im Anschein einer Neutralität, leicht überhörbar – zu einer in der Tat bissigen Kritik an der BRD/ der kapitalistischen Gesellschaft über. Eine milde, lyrische Paraphrase davon ist:

**Germania. Verluste**

> Hundegebell aus der Ferne
> Nacht und Mai.
> Vereinzelte Sterne.
> Die Stille dreht bei.
> Unlängst versank ein Reich,
> Wir streiten vehement,
> Der Vergleich:
> Bei allem was uns trennt,
> Noch unter diesem Baum,
> Es spricht einer, der nicht mehr träumt,
> Mit einem ohne Traum.[271]

Der Vergleich ist zugegen – leise und sehr treffend: „was uns trennt, | noch unter diesem Baum, | Es spricht einer, der nicht mehr träumt, | mit einem ohne Traum." Mit der Haltung wird hier nun beobachtet und gelauscht, vor allem in die Stille, die Stille einer Gesellschaft von lauter nüchternen Menschen – Menschen ohne Traum. So scheint der status quo hingenommen worden zu sein. Die Souveränität dieser Art, die eventuell anachronistisch vorkommen könnte, besteht im guten Erbe der sozialistischen Gesellschaft: dem einst emphatisch hervorgehobenen Vertrauen zum Menschen. Diese Souveränität erklärt wohl das Bleiben in der „Heimat".

Die Lyrik ist für Makowski in seinen eigenen Worten „die kleine Gattung für traurige Zeiten und der Zurückgeworfenheit auf das Individuelle".[272] Und diese Gattung sei relevant:

> Wo die geschichtliche Totalität verschleiert oder nicht vorhanden ist, muss die Totalität der kleineren Gattung genügen. […] Die in gediegenen Entwicklungsphasen der Menschheit erworbenen Versformen sagen bei traurigstem Inhalt noch immer: Die Schönheit ist herstellbar, die Welt verbesserungsfähig, das Leben gestaltbar. […] Wenn der Inhalt bitter ist, die klassischen Formen sind heiter.[273]

Was würden Hegel oder Lukács dazu sagen? Die große Zeit des Romans mit seiner Surrogatfunktion der unsichtbar gewordenen Totalität der modernen Gesellschaft ist passé – oder: Die aus einer erweiterten Perspektive gesehen kleinen Turbulenzen der Zeitgeschichte wie die persönliche Tristesse angesichts dessen und in einer „stillen Gesellschaft" bewältigt Makowski wie oben genannt – die Geschichtsphilosophie und Gedankenwelt der DDR fortschreibend.

---

[271] Ebd., S. 26.
[272] Ebd., S. 154.
[273] Ebd., S. 155. Dies ist übrigens eine Variation der Schillerschen Formel: „Ernst ist das Leben/ heiter die Kunst."

Vier Autoren, vier Aspekte wurden betrachtet. Es handelt sich um vier von vielen. Die weitgehende Aktualität wie die Weiterwirkung des Themas von einst, auf das die Lyriker aus der DDR, konfrontiert mit neuen Lebensbedingungen in natürlicher und vergleichender Weise erneut zugreifen, vergegenwärtigt zuallererst, wie die Dichter ihren plötzlich veränderten Lebensbedingungen begegnen, wie sie ihre erschütterte existentielle Grundlage bewältigen. Sie holen aber auch ein paar Tugenden aus dem einstigen kurzlebigen Laboratorium der sozialistischen Ideale wieder in die Gegenwart: eine Orientierung an der Klassik beziehungsweise Pflege des kulturellen Erbes, das Vertrauen auf den Menschen, das Bedürfnis nach Identifizierung mit seiner Gesellschaft. Wo das Grundideal, der utopische Gedanke, verschwunden ist, scheint sich die existenzielle Thematik in einer altbekannten und greifbaren Form zu erproben.

Die Fallhöhe vom Staatsideal zur noch möglichen privaten Utopie ist dabei dem erlebten Lebenswandel gemäß groß.

Das Thema Heimat geht aber weit über die DDR hinaus, ist wie gesehen bei jedem Dichter auf eigene Weise in der nationalsozialistischen Vorgeschichte tief verwurzelt. Grünbein und Biermann thematisieren gemeinsam die (kriegerische/ faschistische) Vorgeschichte, obwohl der eine die Vorgeschichte direkt erlebt hat, der andere nicht. Bei diesem beginnt die Heimat gerade im historischen Geschehnis; Grünbein aber findet sie durch künstlerische Rekonstruktion. Für beide ist die Heimat vor allem ein Ort, egal ob er sich endgültig finden lässt oder nicht. Für Czechowski und Makowski bedeutet die Heimat vor allem die Gesellschaft, mit der sie sich irgendwie abfinden müssen.

Die neue Aktualität dieses Themas Heimat spiegelt das tiefe historische Bewusstsein wider, mit dem die Dichter künstlerisch wie existentiell der neuen Zeit wie ihren neuen Lebensbedingungen begegnen. Dies scheint eines der markantesten Merkmale der Literatur im wiedervereinigten Deutschland zu sein.

Hier wird auch die elementare Frage veranschaulicht, wie man mit der Dichtung umgeht beziehungsweise wie denn die Literatur der Wirklichkeit begegnet.

Lyrik aus Korea als Spiegel der andauernden Teilung

# V. Lyrik aus Korea als Spiegel der andauernden Teilung

Ein Kinderlied, das in beiden Teilen Koreas im Lesebuch steht und ausnahmslos jeder Koreaner kennt, lautet:

우리의 소원은 통일
꿈에도 소원은 통일
이목숨 바쳐서 통일
통일이여 오오라 –

Unser Wunsch ist Wiedervereinigung
Auch Wunsch im Traum Wiedervereinigung
Mein Leben gäb ich für Wiedervereinigung
Wiedervereinigung, komm, o komm –

Dabei blieb dieser Wunsch abstrakt. Das Land ist absolut geteilt. Sowohl in der Konstellation der Weltmächte als auch in der damit eng verbundenen, konflikt-beladenen Innenpolitik fehlen die Rahmenbedingungen dafür, dass die ersehnte Wiedervereinigung als denkbar erscheinen könnte. Mit der Veränderung des po-litischen Weltklimas etwa um 1989 und mit dem Fall der Berliner Mauer wurde jedoch ein Beispiel für eine friedliche Wiedervereinigung bekannt; zum ersten Mal gab es für die Koreaner eine vage Hoffnung darauf innerhalb des Horizonts der Vorstellbarkeit.

Den Verlauf wie die Folgen der Wende in Deutschland beobachteten die Koreaner ziemlich genau. Die Wiedervereinigung in der Ferne flößte nicht nur eine gewisse Hoffnung ein, sondern weckte auch den Sinn für die Realität. Im Süden Koreas wurden zum erstenmal konkrete Fragen gestellt wie etwa die, ob wir zwanzig Millionen Menschen zusätzlich ernähren könnten.

## V.1. Überblick – ein elementar allzu elementar geteiltes Land

Koreaner sind, weil sie als ein kleines Volk stets von den Großmächten in der Nachbarschaft bedroht wurden, stolz auf ihre lange Geschichte, besonders auf die ihres Einheitsstaats seit 668 n.Chr. Die Besatzung (1910-1945), die sie in ih-rer jüngsten Geschichte erlebten, dauerte im Vergleich dazu sehr kurz, nur 35 Jahre. Jedoch war die japanische Besatzung extrem hart und griff dermaßen radi-kal in das koreanische Leben ein, dass man nicht einmal die eigene Frisur, die ei-gene Sprache, den eigenen Namen beibehalten durfte: tabula rasa in der Traditi-on. 1945 wurde Korea befreit – aber nicht aus eigener Kraft. Dies hatte fatale Folgen: Nach dem Interesse der Großmächte wurde das Land halbiert durch ei-ne auf der Landkarte – in den Augen der Koreaner frivol – gezogene Linie.

Nach fünf Jahren, im Jahr 1950, brach ein Krieg aus – ohne Erklärung ur-plötzlich an einem Sonntagmorgen, dem 25. 6. 1950. Der Korea-Krieg war ein Ideologie-, Stellvertreter- und Bruderkrieg. Mitten in und auch nach dem verheerenden Krieg verankerten sich beide Teile Koreas unwiederbringlich an die zwei verfeindeten Blöcke des Kalten Krieges und bildeten jeweils eine harte Front. Der Korea-Krieg an sich hörte nach drei Jahren auf; es kam aber nie zu einem Friedensvertrag. Korea befindet sich völkerrechtlich immer noch im Zustand des Waffenstillstands. Neben unzähligen Kriegsopfern bleiben Unmengen getrennter Familien: Etliche Leute wählten vor dem Krieg und während des Krieges selber ihren Staat aus. Die meisten Familien wurden aber einfach abrupt voneinander getrennt: Ein Familienmitglied, das aus irgendeinem Grund an dem Wochenende gerade nicht daheim war, blieb auf Dauer von der Familie getrennt. Man weiß zum großen Teil immer noch nicht, ob solche Verschollenen noch am Leben blieben oder schon tot sind. 1985, nach fünfunddreißig Jahren, fand auf Initiative eines südkoreanischen Rundfunksenders zum ersten Mal ein dramatisches „Wiedersehens-Programm" statt. Dies blieb aber lange eine einmalige politische Geste und ein Event für die Presse. Erst seit 2000 finden solche Treffen regelmäßig statt – zweimal im Jahr werden von etwa 80.000 Anträgen jeweils 100 Glückliche ausgewählt, die nach ein einem halben Jahrhundert ihre inzwischen uralt gewordene Blutverwandte für einen Tag wiedersehen dürfen.

Dieser Situation entsprechend behandeln viele Gedichte Teilung und Wiedervereinigung des Landes und so elementare Themen wie Mutter, Vater, Bruder, Schwester, Geliebte(r), die Heimat und die Erde. Es wird meist und zuallererst die Sehnsucht zum Ausdruck gebracht:

### Im Warten auf den Zug

Tut das regnerische Dunkel
mir weh, so gehe ich
durch Straßen, die hoffnungslosen,
suche dich

In der blinden Gasse des Lebens
taste ich, ein gejagter Hirsch,
nach deiner Hand

Lässt die Fliegerstaffel, die im Norden war,
in den Lüften Lärm rollen,
so fasse ich in meine Hände
dein Bild

*Fünf Jahre*[274] sind vorbei
Dein Schatten in meinem Traum
bleibt jedoch hell
[...]
Im Warten auf den Zug,
auf die Söhne, die nur gleich

---

[274] Hervorhebung der Verfasserin. Ebenso im Folgenden in kursiver Schrift.

kommen,
wenn der Morgen
des Friedens endlich anbricht

Du sollst nicht sterben,
Du sollst nicht sterben
(1955)

## Ob es regnet, ob es schneit

Da stand sie am Dorfeingang, unter einem alten Pavillonbaum
Ob es regnet, ob es schneit,
sah ihrem jungen Sohn nach, der nach Norden ging,
sie steht da, meine ergraute Mutter

Die Zeit vergeht, geht zig Millionen Meilen
Nun über hundert Jahre alt steht sie,
wie sie war, ob es regnet, ob es schneit,
am Dorfeingang, unter dem Pavillonbaum

Ihr Sohn, der mit roten Wangen,
wie er war, zurückkehren sollte,
bleibt noch im Norden, und sie
steht da, selbst nach dem Ableben,
steht da,
ob es regnet, ob es schneit.
(1987)

Wie nach *fünf Jahren* auch nach siebenunddreißig Jahren – sowohl in beiden zitierten Gedichten als auch in der realen Situation – hat sich an diesem hoffnungslosen, vergeblichen Warten nicht viel verändert.

Das erste Gedicht schrieb der südkoreanische Dichter Kim Gyudong[275] aus Nordkorea, Sohn einer getrennten Familie. Das zweite verfasste der nordkoreanische Dichter Park Unsan, gebürtiger Südkoreaner. Obwohl einer wider Willen in den Süden fliehen musste, und der andere gemäß seiner Gesinnung seine Heimat im Süden verließ, ist bei diesem Thema weder ideologische Spaltung noch stilistische Differenz festzustellen. Beide Dichter sind nur zwei von so vielen, die schließlich vor dem Krieg fliehen mussten.

Erwähnenswert ist dabei ein Motiv: der Zug. Nicht nur die Familien sind geteilt. Die Eisenbahn Nord – Süd stand abrupt still. Die Gedanken der Dichter kreisen oft rund um diese stillgelegte Eisenbahnlinie, die eigentlich eine Verbindung darstellen sollte. In den zitierten Gedichten schillern im Hintergrund die stillgelegten Bahngleise wie die verrostete, stehengebliebene Lokomotive – sie

---

[275] Bei koreanischen Namen wird der Familienname nach koreanischer Weise vorangestellt, ebenso im Folgenden.

sind anschauliche Schnittstellen. Die literarische Behandlung des Motivs ist genau so elementar wie im Volksmund und auf dem Schild vor der verrosteten Lokomotive: „Das Eisenpferd möchte rennen."

## V.2. Vertiefte Spaltung: 50er und 60er Jahre

### Ach, Wiedervereinigung

Wäre diese Hand
schmutzig,
so dürfte ich den Morgen
nicht empfangen

Wäre meine Seele
trüb,
so dürfte ich zum Himmel
nicht aufblicken

Passionswege eines halben Jahrhunderts

Die rauhen Hände
der Brüder
darf ich nicht drücken,
mit einer schmutzigen Hand

Wäre meine Seele
trüb,
o, so wäre das
endgültiger Tod.

Eine durch die internationale Politik und gnadenlose Machtlogik bedingte, äußerst nüchterne Angelegenheit – die neue Verteilung der postkolonialen Welt auf dem Globus um 1945 – löst beim ahnungslos betroffenen, damals weithin bäuerlichen Volk, das wegen der zeitlich verpassten Chance der Öffnung und Modernisierung bis dahin nur von einem Leiden zum andern geschleudert wurde, zuallererst emotionale Resonanz aus: Die Freude über die ersehnte Befreiung und der Dank gegenüber dem Befreier, Amerika, waren umso größer, als die erlittenen Leiden groß waren. Nach kurzer Freude wurde man auf der postkolonialen Ruine, dann im völlig verheerten, geteilten Land, mit einem Elend von überdimensionalem Maß konfrontiert. Was man in dieser Situation empfand, waren – wie in der Literatur dargestellt – große Traurigkeit und Scham, Selbstreflexionen und -vorwürfe. Die allgemeine Verzweiflung über die Lage mündete andererseits oft auch in Zynismus. Eine verbreitete Selbstverspottung lautet: „Wir, ein Volk, das nicht einmal seine eigene Einheit mit eigenen Händen herbeiholen kann." Eine moralische Haltung wie in dem eben zitierten Gedicht von Kim Gyudong, einem südkoreanischen Dichter nördlicher Herkunft, der auch das erste zitierte Gedicht verfasst hat, ist typisch und in dieser Hinsicht verständlich.

Was einem bevorstand, waren – sowohl im Süden als auch im Norden – Herausforderungen: dringender Wiederaufbau beziehungsweise das Weiterleben überhaupt, das nackte Leben, das unbedingt bewältigt werden musste.

Was die Literatur im Süden betrifft, so wurden zuallererst die geschichtlich bedingten Erfahrungen reflektiert, die Kolonialzeit, Krieg, dabei die Adaption aller möglichen Strömungen der Weltliteratur, vor allem der zeitgenössischen, wie des Existentialismus, aber auch gleichzeitig die Wiederherstellung der völlig untergegangenen Traditionen. Alle möglichen europäischen literarischen Strömungen wurden fast gleichzeitig aufgenommen und ausprobiert.[276] Darunter fallen neben der traditionell dominierenden Gattung Lyrik die Geschichts- und Zeitromane auf, vor allem die Familienromane, die zwar in verschiedenen Formen erscheinen und auf unterschiedlicher Gesinnungsbasis aufbauen, aber als eine dominierende Gattung alle die jüngste Geschichte des Volkes widerspiegeln.

Im Norden findet sich der dringende Wiederaufbau hingegen in Form der Gründung eines kommunistischen Staates. Neben der Verfeindung mit dem Süden und der Legitimierungsnot musste Nordkorea noch andauernd zwischen zwei Großmächten, China und Russland, balancieren. Die Lösung des Nordens für dieses Problem war die *Juche* (wörtlich: Selbständigkeits-)Ideologie. Nur die Haltung gegenüber Amerika war definitiv. Aus einem undifferenzierten Antiamerikanismus schöpfte man das Selbstwertgefühl wie nationalen Stolz. Der Wille zur Wiedervereinigung wurde dem Volk ebenfalls in Form des Antiamerikanismus eingeflößt – kurz: Der Antiamerikanismus bleibt unerschöpflicher Quell der politischen Propaganda. Andererseits hatten die Wiederherstellung sowie Rehabilitierung der Tradition des Volkes im Norden ein viel stärkeres Gewicht als im Süden, der mehr oder weniger den amerikanischen Einflüssen ausgesetzt war.

In seinem Stil hatte das „kulturelle Erbe" absoluten Vorrang, während es im Süden nur eine Variante blieb. In der Praxis existiert somit größtenteils eine Mischung aus sozialistischen Utopievorstellungen in naivem rückständigen Stil und hochgradiger Propaganda. Reale Erscheinungsform ist nicht selten eine entstellte Mischung aus beidem. Der Keil der Ideologie ist also überall und nach wie vor sichtbar in allem, was in Nordkorea geschrieben wurde, soweit man erfahren kann. (Den Zugang dazu hat man im Süden übrigens erst seit 1989, zwar noch nur begrenzt,[277] aber doch immer mehr. Nordkoreaner haben hingegen immer noch überhaupt keinen Zugang zu südkoreanischer Literatur.) Das Heimat-Thema kann in seinem Stil keine Ausnahme sein.

---

[276] Jeder Schriftsteller wollte auf eigene Weise einen Anknüpfungspunkt finden, um seinem überwältigenden, schwer darstellbaren Thema einigermaßen gerecht zu werden: Das Land war – literarisch gesehen – ein Laboratorium verschiedener Stilelemente.

[277] In der Nationalbibliothek oder in Universitätsbibliotheken darf man nordkoreanische Literatur zu Forschungszwecken lesen.

### Auf dem Weg zur lieben Heimat

Das ist der Berg
hinterm Dorf, in dem ich als Kind mit Freunden spielte.
Was da an den Bach gereiht,
Weiden, die sich selbst im leisesten Wind bewegen,
unter denen ich heranwuchs – in die Reife

Auf dem Weg zur lieben Heimat
hat mein Gesicht schon
seine Röte wieder,
regt sich in den Gliedern Mut der Jugend
helle schöne, neue Lieder,
die ich meinen Landsleuten singen werde,
fließen mir schon von den Lippen – von selber

Dafür, was *die das Land verstümmelnden Außenmächte,*
*Erzfeinde der Wiedervereinigung, uns geraubt haben,*
dafür sehnte ich mich nach der Heimat
Dafür habe ich viele, viele Jahre geweint
Dafür gehe ich auch heute vorwärts,
um bald den Tag der Wiedervereinigung zu erleben,
fließen mir daher die hellen, mächtigen Lieder – von selber
(1980)

Dem Grundton der höchst naiven Sprache ist hier die starke Sprache der Propaganda beigemischt. Ein solcher Bruch ist mit dem Lauf der Zeit eher deutlicher zu sehen, etwa im folgenden Gedicht, entstanden kurz vor dem Mauerfall in Deutschland:

### Vor dem Schild der Demarkationslinie

[…]
 Das Schild der Demarkationslinie
an meinem Heimweg noch heute
Hier hat die Zeit Pfeilschnelle
Aber, ein Tag geht so langsam,
als wäre er einhundert Jahre

[…]
Geboren im Jahr der nationalen Befreiung, wir alle
Nun im Mannesalter von vierzig
Jene tanzenden, frohlockenden Jugendlichen am 15. August
haben nun schwere graue Haare

Viele allzu viele Jahre,
einander über den trennenden Fluss Limjin nur anschauend,
warteten Mütter auf ihre Söhne und schlossen die Augen,

warteten Frauen auf ihre Männer und erstarren zu Felsen,
warteten Jungen auf ihre Väter und haben nun Enkelkinder

Mitgeweint
Mitgelitten
Mitgeblutet,
Mitvolk im Süden,
Für wen sollten wir so leben!
Für wen sollten wir so sterben!
Ergreifen wir schnell unsere Hände,
*bevor das Blut trocknet!*
*Nicht uns, sondern den anderen,*
*denen unser Leid fremd ist,*
*dem Erzfeind der Wiedervereinigung, dem Erzfeind der Nation,*
*dem amerikanischen Imperialismus und dem Verrätergeschlecht*
*schlagen wir auf den Kopf,*
*im Namen der Nation, die nimmer zwei sein darf,*
*den eisernen Morgenstern nieder*
(1988)

Nicht nur ist das Land geteilt. Die Spaltung in der Literatur zwischen Nord und Süd wurde immer deutlicher. Im Norden geht es um sozialistischen Realismus mit nordkoreanischer Prägung: Die Literatur soll dem Volk zu Diensten sein und wie alle Künste dabei als starke Waffe dienen, das Volk zu organisieren und ideologisch zu erbauen. Thematisch liegt der Fokus – den antijapanischen Kampf Kim Il Sungs fortführend – auf der preisenden Darstellung der Volksarmee. Das Gewicht lag – in den 50er Jahren besonders – emphatisch auf dem Aufbau des Sozialismus, der „Befreiung Südkoreas von Amerika", somit der „Bekämpfung des amerikanischen Imperialismus". Die *Juche*-Ideologie, die eigentlich mit dem nationalen Stolz zu tun hatte, diente immer mehr zur Konsolidierung der Familiendiktatur. Die Literatur flößt die Ideologie ein, preist das System und idolisiert die (Diktatoren-) Familie. In der Ästhetik geht es fast ausschließlich darum, wie effektvoll ein Dichter seinen Glauben an das System bekunden und das Volk zum Aufbau und zur Produktion anfeuern kann, wie seine Preis-, Lob- und Propagandalieder fein und kunstvoll klingen könnten. Andere Varianten lassen sich nicht beobachten – immer noch nicht.[278]

---

[278] Kurz zur Rezeption der nordkoreanischen Literatur: Bis 1989 war in Südkorea sämtliche Literatur aus den sozialistischen Ländern tabu. Nach dem Mauerfall in Berlin wurde auch bei uns diese Barriere gehoben. Das lange aufgestaute Interesse holte in der ersten Phase alles mögliche – und alles überflutend – herbei. Dieses Interesse für die nordkoreanische Literatur hat aber schnell nachgelassen – vor allem deswegen, weil sie sowohl inhaltlich als auch stilistisch stereotyp, somit auch ästhetisch problematisch und vor allem nicht zeitgemäß war. Nordkoreanische Bücher in der Bibliothek sind den südkoreanischen Lesern nun mit gewisser Einschränkung zugänglich. Ähnliches – für südkoreanische Literatur – ist in Nordkorea unvorstellbar.

Das Thema Wiedervereinigung bildet mitten in der einseitig politisch orientierten Literaturlandschaft bei allem immerhin ein einziges, schmales Reservoir – oder: Ein ganz kleines Reservoir für Lyrisches, beziehungsweise eigentlich Literarisches ist eben dem Thema Wiedervereinigung vorbehalten.

Ansonsten vergrößert der ideologische Keil die schon entstandene Spaltung immer mehr.

## V.3. Annäherung durch die politisierte Generation
V.3.1. Voraussetzung: Auftritt der kritischen Generation im Süden
      in den 60er Jahren

Die Bewegung für die Wiedervereinigung wurde im Süden von Anfang an und hauptsächlich von bürgerlichen Initiativen geführt und war mit der Bewegung der Demokratisierung verzahnt. Das erhöhte Bewusstsein im Volk und die Forderung nach Demokratie führte dann – mit dem gleichen Elan und erneut – zum Bewusstsein von der geteilten Lage des Landes, die dringend überwunden werden sollte.

In den 60er Jahren begann im marktwirtschaftlich orientierten Süden die Industrialisierung des Landes und wurde unter schwierigen Bedingungen vorangetrieben; somit überholte der Süden wirtschaftlich bald den Norden, der bis dahin industriell fortschrittlicher gewesen war. Die Konkurrenz zwischen dem Norden und Süden spielte dabei in gewissem Sinne eine große Rolle. Sie war aber im Ganzen verheerend: Sie belastete beide Länder im Aufbau übermäßig, besonders auf der militärischen Ebene in fast fataler Weise.[279]

Noch dazu wurden beiderseits Feindbilder propagiert, auch um das Volk von den innenpolitischen Problemen abzulenken.

Im Süden sind drei Anlässe für die Politisierung der Gesellschaft in den folgenden Jahrzehnten signifikant, die auch die Politisierung der Literatur mit sich brachten. Der eine ist der demokratische Aufstand des Volkes vom 17. April 1960, der die erste, sozusagen pro-amerikanische Regierung stürzte. Ein zweiter ist der Militärputsch vom 16. Mai 1961, der bald der zweiten demokratischen Regierung ein Ende setzte. Diese militärische Regierung betrieb in den 60er Jahren forsch die grundlegende Industrialisierung des Landes. Sie verwandelte sich in diesem Prozess langsam in die Diktatur, deren Ende (1980) eine noch schlimmere Diktatur hervorbrachte. Diese letzte wurde im Jahr 1987 vom Volk erfolgreich bekämpft. Der Elan in diesem Demokratisierungsprozess – der dritte Anlass – weckte wie nach dem ersten demokratischen Aufstand im Volk erneut den Wunsch nach Wiedervereinigung.

---

[279] Im Norden führte dies vor allem dazu, dass das Land wegen der überlastenden Aufrüstung wirtschaftlich allmählich im Rückstand blieb.

V.3.2. Basis: Veränderungen im historischen Bewusstsein

Für den Wunsch nach Demokratisierung bestand seit den 60er Jahren im Süden absoluter Konsens im Volk. Der Elan, den der erste demokratische, und zwar gelungene Aufstand vom April 1960 im Volk weckte, war groß und wirkte nachhaltig. Die Literatur hielt damit Schritt und trug dazu bei: Der spontane Aufstieg der kritischen Literatur seit Anfang der 60er Jahre war beachtenswert. Um nur zwei Autoren zu nennen: Choi Inhun – selber ein nordkoreanischer Flüchtling, Jura-Student an der Seoul National University und Übersetzer bei der US-Armee – schrieb den „großen Roman des geteilten Korea": *Der Platz* (1960).[280] 1971 erregte dann Kim Chiha Aufsehen mit seiner polemischen, politischen Ballade *Fünf Räuber*[281] und leitete eine Jahrzehnte andauernde Politisierung der Literatur ein. Es folgte kritische Literatur aller Art. Auch die Arbeiterliteratur war stark vertreten, weil die starke Industrialisierung des Landes in kurzer Zeit nicht nur einen gewissen Wohlstand, sondern auch viele negative Begleiterscheinungen mit sich brachte.

Durch all das wurde die historische wie politische Perspektive im Volk verändert beziehungsweise erweitert. Ein Paradebeispiel für diese veränderte und erweiterte Perspektive ist das Amerika-Bild: Es war bis dahin ein unerschütterliches Freundbild gewesen und wurde nun relativiert. Das Phänomen des Anti-Amerikanismus im Süden ist in dem Zusammenhang bemerkenswert. Es ging nicht um einen so radikalen Antiamerikanismus wie den im Norden, doch wurde Amerika immer mehr als eine neue Besatzungsmacht erkannt. Unter den Intellektuellen brach die Illusion von dem „schönen Land", wie dies in der koreanischen Transkription lautet, zusammen, und man hat nun einen schärferen Blick auf die internationale Machtdynamik, -logik und -konstellation. Ein Gedicht, das schon im Jahr des ersten demokratischen Aufstands (April 1960)[282] geschrieben wurde, gewinnt nun erst recht an Popularität:

Kim Su-Young
**Bitte weg, bitte raus**

Gründe gibt es nicht
Bitte weg, bitte raus, ihr alle,
ihr Amerikaner und Russen bitte schnell raus,
am liebsten noch heute

---

[280] Dieser Steady-Seller findet sich immer noch in der Buchhandlungen – in seiner sechsmal gründlich revidierten, 186. Auflage. Es geht um ein literarisches Werk von Rang; aber auch das Thema ist noch aktuell. (In der deutschen Übersetzung lässt sich leider die Qualität dieser elaborierten Revidierungsarbeit nicht in vergleichbarem Maß finden.)

[281] Hier geht es um die polemische Karikatur der führenden Schicht des Landes. Der Verfasser wurde deswegen inhaftiert. In eben diesem Jahr (1970) verbrannte sich ein Arbeiter aus Protest.

[282] Die Demonstrationen, die als Reaktion auf die Wahlfälschung landesweit stattfanden und zum Teil gewalttätig niederschlagen wurden, galten dann als die ersten demokratischen Aufstände in der Geschichte der noch jungen Republik Korea.

Als käme die Stille
auf die blank gescheuerte Theke der Bierhalle,
auf die Theke, von wo das Geld genommen wird
So endet die Revolution und beginnt neu.
Dass die Revolution so endet und neu beginnt,
ist wie auf der Theke,
von wo Geld genommen und genommen,
immer wieder nur genommen wird
die in der Widerspiegelung des Abendrots jedoch
einen blendet

Gründe gibt es nicht
Bitte raus, bitte einfach weg zu eurem Ort
Ihr Amerikaner und Russen geht so bald wie möglich weg
Ihr Amerikaner und Russen, zwischen euch gibt es nur
den Unterschied zwischen „Bitte raus" und „Bitte weg"
Fürs reine Herz des analphabetischen Volkes
sind „Amerikaner" und „Russen" ein und dieselben Gangster
Geht bitte weg, bitte raus
[...]
Während Opa noch im Halbschlaf
es nicht merkt
Geht bitte lautlos weg, bitte raus,
Amerikaner-Russen, die nicht einmal drei Groschen wert sind,
so samt Schokolade, Kaffee, Petticoats, Army-Uniform, Granatäpfeln
wie die Stille hereinbricht
wie die Stille hereinbricht

Lautlos, bitte weg, bitte raus
Geht weg für immer, wie die kurz Vorbeigekommenen!
Bitte weg, bitte raus

Seid nur ihr vereinigt? Wir auch.
(1960)

Die poetischen Bilder, z.B. die von der Bierhalle oder der Kasse, sind nicht so glatt und eher befremdend. Die Kernidee, dass Amerika nicht mehr ein befreundetes Land, sondern eine unerwünschte Außenmacht wie Russland ist, war zur Zeit der Publikation für das südkoreanische Publikum fast revolutionär neu – in vieler Hinsicht befremdend.

Nach fünfzehn, zwanzig Jahren fasst ein anderer Dichter die gleiche Idee nun relativ kurz:

Ko Un
**Räuber**

Die Halbinsel ist stets Ort für die Gäste
Diese kommen vom Kontinent
kommen vom Meer

Wären sie Gäste, so liefe ich erfreut noch barfuß
zum schnellen Empfang hinaus

Das freundliche Wort „Gast" klingt hier zynisch, besonders in einem Land, das
für seine Gastfreundlichkeit bekannt ist.[283]

Auf diese Weise lenkte die Literatur die allgemeine Aufmerksamkeit auf ei-
ne Schattenseite der Gesellschaft. Dies geschah in den 70er Jahren und auch in
den 80er Jahren, in denen die Literatur aufs äußerste politisiert wurde.

### V.3.3. Öffnungsversuche seit 1989: Grenzgänger
Was die Wiedervereinigungspolitik betrifft, so wurden bis 1987 in der Politik so
gut wie keine Schritte unternommen. Es waren die Bürger, die seit ihren demo-
kratischen Aufständen in den Jahren 1980 und 1987 der Diktatur ein Ende setz-
ten und dann den Durchbruch erzielten.

Die fatale Grenzlinie wurde von mutigen Bürgern aus dem Süden betreten:
Durch hochriskante Grenzgänge entstanden Löcher in der Mauer. Drei Fälle da-
runter waren bahnbrechend: Der erste war der evangelische Pfarrer Mun Ikhwan,
der zweite der Schriftsteller Hwang Sok-yong. Beide reisten im März 1989 über
ein drittes Land ein und aus. Die dritte Grenzgängerin aber, die von dem landes-
weiten Studentenverein im Süden delegierte Studentin Lim Su-gyung, machte ei-
nen dramatischen Grenzübergang und zog die Aufmerksamkeit der Weltpresse
auf sich. Das Tauwetter war schon angesagt, und es gab noch einen weiteren An-
lass: Das Süd-Nord-Studententreffen in Panmunjeom war schon vergeblich ver-
sucht worden. Zum Internationalen Jugendfestival,[284] Pyöngyang 1989, wo sich
16.000 Jugendliche aus 180 Ländern versammelten, wurden auch Studenten aus
dem Süden eingeladen, deren Ausreise aber nicht genehmigt wurde. Aus diesem
Anlass wagte die 21-jährige Studentin den Durchbruch. Es war im Sommer 1989
kurz vor dem Mauerfall in Berlin. Die Studentin ging los – Abflug am 21. Juli
von Seoul über Tokyo und Berlin, Ankunft in Pyöngyang am 30. Die Einreise
dauerte neun Tage. Nach einem 47-tägigen Aufenthalt im Norden kehrte sie am
15. August, am Tag der nationalen Befreiung, auf dem Landweg zurück, der nur
vier Stunden dauerte. Als erster Bürger überquerte sie zu Fuß die Demarkations-
linie, den Todesstreifen. Ein katholischer Priester, den „Der die Gerechtigkeit
stiftende katholische Priesterverein" vorher extra in den Norden geschickt hatte,

---

[283] In diesem Zusammenhang wäre noch ein Roman erwähnenswert: *Der Gast* von Hwang
Sok-yong, der auch ins Deutsche übersetzt ist.
[284] Gegründet 1945 in London, 1. Treffen in Prag 1947.

begleitete sie. Nach diesem Grenzübertritt wurde sie im Süden auf der Stelle ins Gefängnis gebracht, das sie erst nach dreieinhalb Jahren verlassen durfte. Sie wurde in Pyöngyang sowie im ganzen Norden und auch im Süden „Blume der Wiedervereinigung" genannt. Ihr Vorgänger, Pfarrer Mun, schrieb über sie:

**Ich du**

Aufs Feuer, das ich schlug,
hast du das Öl geschüttet

Die Vereinigungsbewegung, nun auch im Norden
keine Losung, keine Anweisung mehr
eine hochschlagende Flamme,
ein Aufruf, der sich als Waldfeuer verbreitet.

Oder angesichts ihrer Festnahme:

**Halt den Atem an**

Legt man auch eine Blume in Fesseln
Lügt auch eine Blume
Ah, Wind im Vorbeiwehen,
Halt den Atem an – für immer

Im Norden war sie schon ein Held und wurde „Blume der Wiedervereinigung" genannt – teils von Herzen, teils zu propagandistischem Zwecken. (Es war noch die Zeit des Kalten Krieges und Korea blieb eine der härtesten Fronten.) Der Nordkoreaner Park Un-san schrieb über diese Zeit:

[…]

Mit den stolzen Schritten, die den Globus
umliefen und Pyöngyang erreichten,
mit dem klugen, leuchtenden Gesicht
malte mir Lim Su-gyung das Bildnis
der Jugend meiner verlassenen Heimat

[…]
Mit Lim Su-gyung, der Blume der Wiedervereinigung,
kamen sie alle mit forschen Schritten
und gingen zurück – die Demarkationslinie abwischend
blickten sie zurück und winkten mir,
zum Wiedersehen am Tag der Wiedervereinigung –

[…]
Im Gesicht Lim Su-gyungs sah ich deutlich

die Gesichter der neuen Generation meiner Heimat,
die die harten Jahre bestand und hehr heranwuchs!

In der Einstellung zu diesem Ereignis sind zwischen Nord und Süd kaum Differenzen festzustellen. Der Mut der jungen Studentin hatte in verschiedener Hinsicht gravierende Nachwirkungen. In den Augen der Nordkoreaner war z.B. das Urteil gegen sie dermaßen unvorstellbar mild, dass sie ihr eingeflößtes und eingefleischtes Vorurteil gegenüber Südkorea entscheidend korrigieren mussten. Für die Nordkoreaner war es nämlich selbstverständlich, dass eine Frau wie Lim zum Tode und ihre Familie zum Zwangslager verurteilt würde. Außerdem wurde der Lebensstandard der Familie Lim Su-gyungs wie der der normalen Bürger im Süden zum ersten Mal durch die Berichte des nordkoreanischen Fernsehen sowie der Zeitungen dem nordkoreanischen Volk nebenbei bekannt – gegen die eigentliche Absicht der nordkoreanischen Regierung, die die Not der „Heldin" daheim bekannt machen wollte. Damit zerbrach das bis dahin propagierte, nur scheinbare Bild von Armut und Elend im Süden. Ebenfalls konnten Südkoreaner nun feststellen, dass die Kommunisten immerhin Menschen sind – ein gemeinsamer Lernprozess.

Lim Su-gyungs mutiger Besuch – hinter ihr stand landesweit die Studentenvereinigung Südkoreas – war eine Öffnung des Landes. Darauf folgten einzelne Grenzgänge, die diese Öffnung vergrößerten. Die neue liberale Regierung seit 1997 setzte sich dann offiziell mit der sog. „Sonnenscheinpolitik" dafür ein. Im Wesentlichen jedoch wurde die Öffnung weiterhin und hauptsächlich durch die Bürger betrieben. Zunächst folgten ja zuerst mutige Einzelne. Dann machten fünfhundert rebellische Studenten es ihnen nach – später, am 21.7.2005, auch der Staatspräsident mit seiner Frau.

Im Jahr 1998 wurden – höchst exotisch und irgendwie grandios – 501 Kühe durch die Demarkationszone hindurch vom Süden zum Norden geschickt: Die „Kühe der Wiedervereinigung". Diese Initiative leitete der Gründer des Konzerns Hyundai, der selber ein Flüchtling aus dem Norden ist. Anschließend konnte er in demselben Jahr erreichen, dass Nordkorea ein Gebiet, den „Diamantenberg", für südkoreanische Touristen öffnete. Seit der Nord-Süd-Gipfelkonferenz 2004 folgte auch eine offizielle Unterstützung seitens der Regierung, die weiterhin hauptsächlich aus Sendungen von Nahrungsmitteln besteht.

Ein Wirtschaftskomplex wurde schon 2002 gegründet, direkt hinter der Demarkationslinie, von der Hauptstadt Seoul nur etwa 100km entfernt. Dort arbeiten ca. 40.000 nordkoreanische Arbeiter.[285]

---

[285] Der erste Komplex ist 22 Millionen Quadratmeter groß, der zweite, viel größere ist im Bau. 93 Fabriken wurden von südkoreanischen Unternehmern gegründet. Dort arbeiten 38.594 nordkoreanische Arbeiter. Die monatliche Produktion beträgt ca. 18 Millionen US-Dollar. Ein Zehntel davon wird exportiert. Die Währung innerhalb des Komplexes ist eine neutrale Währung, der US-Dollar.

Im Jahr 2004 wurde die lange erwünschte Zugverbindung mit Zustimmung aller wiederhergestellt. Damit wurde nicht nur die Verbindung zwischen Nord- und Südkorea stabilisiert, sondern es tauchte auch die ferne Möglichkeit einer Zugverbindung zum eurasischen Kontinent auf.

Der Tourismus, der in den ersten Jahren sehr rege war, ließ jedoch aufgrund der Kosten langsam nach und hörte 2009 dann aus politischen Gründen wieder auf: Die zwei-, dreitägige Reise in die nächste Nähe im Inland kostet nämlich fast so viel wie eine Europareise; es geht Nordkorea nämlich um Devisen. Weil der Reiseweg für die Touristen noch dazu strikt auf die erlaubte Route – zuerst nur auf einen umständlichen Seeweg, dann auch auf einen ausschließlich dafür gebahnten, bestimmten Landweg und auf das erlaubte Gebiet – beschränkt ist, besteht das Risiko, dass irgendein versehentlicher Regelverstoß gravierende Folgen hat. Trotzdem besuchten seit 1989 insgesamt ungefähr 1,1 Millionen Personen, ein Vierzigstel der südkoreanischen Bürger, Nordkorea.

Als sich eine Touristin tatsächlich verirrte und dabei erschossen wurde, wurde der Tourismus im Juli 2007 vorübergehend gestoppt. Im Dezember desselben Jahres begann er wieder. Nach einem Jahr, im November 2008, kündigte Nordkorea jedoch aufgrund der angeblichen Verschlimmerung des Verhältnisses zwischen Norden und Süden wiederum einen Stopp an. Auch die Eisenbahnlinie ist seit 2009 wieder stillgelegt – aus ökonomischen Gründen. Es droht also die Gefahr, dass die wenigen Öffnungen zu jeder Zeit wieder geschlossen werden könnten.

Die Anzahl der nordkoreanischen Flüchtlinge, die seit 1996 auf höchst gefahrvollen Umwegen über China und andere Nachbarländer nach Südkorea zu kommen wagten, beträgt seit 2006 jährlich etwa eintausend, 2009 aber fast dreitausend. Das sind nur sehr wenige von so vielen, die dieser riskante Fluchtversuch manchmal das Leben kostete. Die Ankömmlinge werden inzwischen institutionell ziemlich gut organisiert aufgenommen; die persönliche Anpassung ist natürlich eine andere Frage.

V.3.4. Die Demarkationszone und das Umweltbewusstsein
Mitten in einem solchen Wandel zwischen Fort- und Rückschritt beziehungsweise der Stagnation innerhalb weniger Jahre haben sich auch die Gedanken über die Demarkationszone im Süden bemerkenswert verändert.

Ko Un
**Die Demarkationslinie**

Dank den letzten fünfundfünfzig Jahren füllen nun
sechshundert Ri[286] der Demarkationslinie auf der koreanischen Halbinsel,
Die entwaffnete Zone, über Nacht
verlorene Grundstücke, deren Besitzer einst
hilflos den Boden stampften,

---

[286] Etwa 240 km. Ein Ri entspricht 0,4 km.

Gräser, unverwaltet,
Grasinsekten, ebenso
Baum
Bäume
Tiere, kleine Tiere, Viren
Für euch lebe sie ewig,
die Demarkationslinie
Erweitere dich aber beiderseits,
du Demarkationslinie
Und kommt ihr, geisterhafte Hoffnungen Nordostasiens
Erweitert euch
Erweitert euch

Der Dichter sieht hier in der Erweiterung der Demarkationslinie die Chance da-
für, dass sie verschwindet. So gesehen ist diese fatale Linie nun nicht mehr eine
teilende, sondern eine wieder verbindende. Mit diesem utopischen Erweite-
rungsvorschlag ruft er dazu auf, das Bewusstsein der Problematik wach zu halten
und landesweit zu teilen. Diesem Aufruf entsprechend hat der Dichter Ko Un
z.B. den Titel eines seiner alten Gedichte zu diesem Thema verändert: Ein ande-
res kurzes Gedicht „In der Nähe der Demarkationslinie" heißt nun „In Südko-
rea" – eine beachtenswerte Erweiterung der als Problem bezeichneten Gegend.
Auch ein anderer, einer der ersten Grenzgänger, malt eine Utopie mit konkreten
Zügen, indem er eine Feier darin vorschlägt: „Kraftprobe machen wir mit hoch-
gekrempelten Ärmeln dort | Schlachte einen Eber | Lass einen Krug rumgehen
… Schaukelwettkampf soll auch stattfinden dort |[…] |Schieb den blauen
Himmel noch weiter nach oben | Schieb ihn bis zum Berg Baekdu | Schieb ihn
bis zum Berg Halla" („Die entwaffnete Zone"). Der Berg Baekdu als Urprungs-
ort der Nationt, ist an der nördlichen Grenze zu China, und der Berg Halla als
südlichster auf der Insel Jeju.) Ein weiteres utopisches Bild legt der Dichter vor:

Mun Ik-Whan
**Wunschtraum**

[…] Freunde,
wie wäre dieser Traum: Laufen wir
155 Meilen die Demarkationslinie entlang,
das östliche Meer entlang, dann aufwärts und aufwärts,
so erreichen wir die Gipfel über jenem blauen Meer
So nehmen wir dabei eine Schaufel Norderde, die vom Blut der Nationalarmee ge-
mischte,
und eine Schaufel Erde vom Süden, das verfaulte Fleisch der kommunistischen Sol-
daten
und bestatten sie zusammen. So ein Traum.
Das Grab würde zum Wallfahrtsort werden für uns fünfzig Millionen
Wenn wir davor unsere nassen Augen hüten
wenn sich unsere schielenden Augen zurecht drehen
werden wir sehn den Berg als Berg, den Fluss als Fluss, den Himmel als Himmel

den Menschen als Menschen.
Von so einem absurden Traum rede ich.

Manche Künstler sind Vorläufer einer solchen Idee der Erweiterung der DMZ. Die Künstler-Initiative „DMZ als Reservoir für die Umwelt" ruft seit etwa zehn Jahren dazu auf, dass die DMZ auf alle Fälle ökologisch im jetzigen Zustand bewahrt werden soll. (Man denkt dabei mit Sorge u.a. an gewinnorientierte flinke Immobilienmakler.) Ein Künstler [Lee Ban] etwa machte in der DMZ eine Perfomance, indem er dort die geteilte Erde, wortwörtlich die vom Baekdu-Berg geholte, mit der vom Halla-Berg, mischte und wieder auf den Boden zusammenführte. Musiker planen Konzerte, wobei man z.B. ein Kanonenrohr als Flöte benutzen will. Auch Filme werden gedreht.[287] Hier schloss sich kürzlich eine halb offizielle, halb private Initiative – dem Zeitalter der globalen Marktwirtschaft entsprechend – „DMZ als nationale Marke!" an. Für den Sommer 2010 hatte sie einige Veranstaltungen, Umweltforen usw. geplant. Da ereignete sich im Mai wieder ein Zwischenfall: Nahe dem Grenzverlauf im Meer versank auf mysteriöse Weise ein südkoreanisches Militärschiff. Der Nord-Süd-Verkehr wurde fast ganz gestoppt. So schwach und labil ist der Boden für die Verbindung. Dieser so „absurde Traum" bleibt absurd.

## V.4. Status quo: Vergessen und Ungeduld

Im Norden scheint sich all die Jahre nichts verändert zu haben – sowohl im politischen System als auch in der Literatur. Alles bleibt beim Alten, gefährlich und riskant dabei, soweit man erfährt.

In der südkoreanischen Gesellschaft, die demokratisiert, dank ihrer Orientierung an der globalen Marktwirtschaft und dank der erstaunlich rapiden wirtschaftlichen Entwicklung innerhalb weniger Dekaden relativ[288] wohlhabend geworden und nun „friedlich" ist, ist dieses Thema aber – als Folge des Zeitverlaufs, aber auch durch die rapide Entpolitisierung der Gesellschaft wie der Literatur seit den 90er Jahren – schnell in Vergessenheit geraten. Die oben genannten gesellschaftlichen Initiativen sind zwar beachtenswert, blieben aber Einzelfälle. Angesichts dieser Situation wächst die Ungeduld der nun langsam verschwindenden, betroffenen Generation, dass die Wiedervereinigung, falls sie möglich ist, nun endlich kommen sollte. Die Generation stirbt langsam ab. Die Betroffenen fühlen sich immer noch hilflos:

---

[287] Darunter hat der Film „JSA" internationalen Erfolg gehabt.

[288] Das Durchschnittseinkommen der Nordkoreaner soll grob gerechnet 7% von dem der Südkoreaner betragen. Diese konnten sich in wenigen (drei) Dekaden aus Ruinen zur ca. zwölftgrößten Weltwirtschaftsmacht erheben.

Lee Manju
**Was weiß ein Fluss 2**

[...]
Was weiß ein Fluss?
Viele, fünfzig Jahre bleiben am Ufer wie Pfähle,
er aber fließt nur

Mutter, aber
aus Enge, aus Enge
fließt er / fließe ich[289]
(2003)

Die gefühlte Enge rührt in erster Linie von der Beobachtung her, wie man sich im Allgemeinen an die Teilung gewöhnt hat und das Thema in Vergessenheit gerät. Aber der Dichter nördlicher Herkunft wendet seinen Blick immer wieder Richtung Norden, was seine Ungeduld und Hilflosigkeit, aber auch seine Sorge um seine womöglich verhungernden Verwandten zeigt: „Nach dem Hörensagen | sollen im Norden | wegen der knappen Reisrationierung | Menschen darben | Im Süden | hört man wie vom Wind | unerhörte fremde Summen, Mill-, Mill-, Milliarden, | Ärger geht sprachlos | zur stillen Traurigkeit über" („Was weiß ein Fluss 3"). Geduld wie Ungeduld erschöpfen sich langsam in der persönlich betroffenen Generation. Langsam verklingt ihre Stimme. (Im Norden bleibt man anscheinend immer noch bei der alten Gemütslage.)

Angesichts dieser Situation und in diesem Zusammenhang versteht ein Dichter – kein Betroffener, aber ein Engagierter – seine eigene Position wie folgt:

Ko Un
**Meine Hoffnung**

Käme es zur Wiedervereinigung
Hätte ich eins unbedingt zu tun:
Zuallererst werde ich kein Patriot
Bis dahin bin ich
selbst als alte Prostituierte
selbst als Bettler
ein armer, armer Patriot
Bis dahin bleibt
selbst Vogelscheuchenmännchen im leeren Ackerfeld
mein Genosse

Unschuldig erlittene Zeitgeschichte, fünfzig Jahre
der Teilung, ist nun im Vergehen

---

[289] Lee Manju: *Gohyang ganeun Gil* [Weg zur Heimat] *Gedichte* 2003, S. 122.

Kim Chi-ha, der alte Vertreter der kritischen Literatur wie Ko Un im Süden, umreißt sowohl seine persönliche Lage als auch die geopolitische Lage des Landes – nun mit erweiterter Perspektive und versöhnender Haltung:

**Behutsamkeit**

[...]
Zu leben,
am Leben zu bleiben
ist ein bisschen

nur ein bisschen mehr
Schweben als Sein

Wegen der Schwebe

Ist das Leben
stets
Behutsamkeit

Nur so
lebt sich
vorsichtig und vorsichtig

Auf Zwischenpfaden
unter China, Japan, Russland
und Amerika
soll auch unser Volk
nur so leben:

Vorsicht

Nochmals Vorsicht!
Mut groß!

Herz klein!

Einst, in der Zeit der Diktatur in den sechziger, siebziger, achtziger Jahren, war die Stimme desselben Dichters laut und heiser. Kim Chi-ha war eine Leitfigur für die Politisierung der Gesellschaft wie der Literatur. Nun klingt seine Stimme im Kontrast dazu ruhig. Sein Verständnis von der Geschichte wie von der weltpolitischen, geographischen und geopolitischen Lage des eigenen Landes jedoch bleibt. Hauptsächlich von solchen Dichtern wird die Teilung des Landes noch thematisiert – aber nicht mehr oft.

*

Die Rolle, die die Intellektuellen und Schriftsteller in der schwersten, absolut kontaktlosen Zeit mit lauter Stimme übernahmen, scheint nun auf der öffentlichen und offiziellen Ebene ausgelebt zu werden: „Süd-Nord-Fenster", Nachrichten über Nordkorea, bildet einen regelrechten Teil der Tagesschau. Es gibt verschiedene staatliche wie private Institute dafür und auch das Ministerium für Wiedervereinigung. Auch in einzelnen Ministerien, etwa im Justizministerium, gibt es eine Abteilung, die sich mit möglichen Rechtsfragen nach der Wiedervereinigung befasst.

Bei allem droht jedoch manchmal Gefahr: In den letzten Jahren gab es eine Häufung militärischer Konfrontation. Auch die Anzahl der Flüchtlinge aus dem Norden steigt schnell: Von 1954 bis 2009 erreichten insgesamt 6.309 nordkoreanische Flüchtlinge Südkorea, genauer: Bis 2000 betrug die Anzahl pro Jahr ca. 300; 2001 aber war sie über 1.000, 2006-2008 jährlich über 2.000, im Jahr 2009 dann 2.927. Im Jahr 2010 stiegen die Anzahl so sehr, dass man für das nächste Jahr mit 10.000 rechnet. Diese Zahl 10.000 wurde dann schon Ende November desselben Jahres überschritten.

Was daraus wird, weiß noch niemand. Wir sollten uns aber daran erinnern, was die Literatur in der Zeit, in der überhaupt kein Kontakt möglich war, geleistet hat. Das wurde hier anhand einiger kurzer Gedichte zu zeigen versucht – oder: Wie man mit der Literatur / wie die Literatur der konfrontierten Wirklichkeit begegnet, wollte ich anhand der Lyrik im erlebten gesellschaftlichen und geschichtlichen Kontext doch zeigen.

# Epilog

### Ein Bambuswald

Bambus, eine der vier Pflanzen für Gelehrte,
mochte mein Großvater,
ein Gelehrter
Gepflanzt und gepflegt Jahrzehnte
von ihm war der Wald im Hinterhof
Schutz und Krone seines Hauses

Sein Aussterben
in jenem Jahr:

Die Söhne meines Großvaters wurden
im Nach-Toben eines Ideologie-,
Stellvertreter- und Brüderkrieges
alle vier
zu Partisanen, den gnadenlos Verfolgten
im Gebirge

Einmal jedoch kamen sie nach Haus,
am Geburtstag ihres alten Vaters

Im Stockdunkel des Herrenflügels
saßen fünf –
wortlos, geräuschlos

In jenem Dunkel soll es gewesen sein
Nicht ein einziges Mal soll die Tür geöffnet worden sein,
die schöne Tür mit Reispapierfüllung
Alle fünf im Sitzen
traf das Kreuzfeuer

In jenem Jahr starb der Bambuswald
meines Großvaters ab

In der Familie
vererbt sich
die stumme Trauer der Pflanze

12. 12. 2011

# Bibliographie

## Wolf Biermann

1. Primärliteratur

Biermann, Wolf: *Die Drahtharfe. Balladen, Gedichte, Lieder. Mit Notenbeispielen des Autors*, Berlin: Klaus Wagenbach 1965.

Biermann, Wolf: *Mit Marx- und Engelszungen. Gedichte, Balladen, Lieder. Mit Noten zu allen Liedern*, Berlin: Klaus Wagenbach 1968.

Biermann, Wolf: *Der Dra-Dra. Die große Drachentöterschau in acht Akten mit Musik. Mit Noten und Illustrationen*, Berlin: Klaus Wagenbach 1970.

Biermann, Wolf: *Deutschland. Ein Wintermärchen*, Berlin: Wagenbach 1972.

Biermann, Wolf: *Für meine Genossen. Herzlieder, Gedichte, Balladen. Mit Noten zu allen Liedern*, Berlin: Klaus Wagenbach 1972.

Biermann, Wolf: *Preußischer Ikarus. Lieder, Balladen, Gedichte, Prosa*, Köln: Kiepenheuer & Witsch 1978.

Biermann, Wolf: *Verdrehte Welt – das seh' ich gerne. Lieder, Balladen, Gedichte, Prosa*, Köln: Kiepenheuer & Witsch 1982.

Biermann, Wolf: *Klartexte im Getümmel. 13 Jahre im Westen von der Ausbürgerung bis zur November-Revolution*, Köln: Kiepenheuer & Witsch 1990.

Biermann, Wolf: *Der Sturz des Dädalus oder Eizes für die Eingeborenen der Fidschi-Inseln über den IM Judas Ischariot und den Kuddelmuddel in Deutschland seit dem Golfkrieg*, Köln: Kiepenheuer & Witsch 1992.

Biermann, Wolf: *Wie man Verse macht und Lieder. Eine Poetik in acht Gängen*, Köln: Kiepenheuer & Witsch 1997.

Biermann, Wolf: *Paradies auf Erden. Berliner Bilderbogen*, Köln: Kiepenheuer & Witsch 1999.

Biermann, Wolf: *Über Deutschland unter Deutschen. Essays*, Köln: Kiepenheuer & Witsch 2002.

Biermann, Wolf: *Heimat. Neue Gedichte*, Hamburg: Hoffmann u. Campe 2006.

Biermann, Wolf: *Berlin, du deutsche deutsche Frau. Gedichte*, Hamburg: Hoffmann u. Campe 2008.


2. Sekundärliteratur

Arnold, Heinz Ludwig (Hg.): *Wolf Biermann*, München: edition text+kritik 1980.

Berbig, Roland: *In Sachen Biermann. Protokolle, Berichte und Briefe. Zu den Folgen einer Ausbürgerung*, Berlin: Ch. Links Verlag 1994.

Berbig, Roland (Hg.): *Stille Post. Inoffizielle Schriftstellerkontakte zwischen West und Ost*, Berlin: Ch. Links Verlag 2005.

Keller, Dietmar/ Kirchner, Matthias: *Biermann und kein Ende. Eine Dokumentation zur DDR-Kulturpolitik*, Berlin: Dietz Verlag 1991.

Kertzscher, Günter (Hg.): *Biermann und die Folgen*, Berlin: Verlag Europäische Ideen 1977.

Meier-Lenz, Dieter P.: *Heinrich Heine – Wolf Biermann. Deutschland. ZWEI Wintermärchen – ein Werkvergleich*, Bonn: Bouvier Verlag 1977.

Pleitgen, Fritz (Hg.): *Die Ausbürgerung. Anfang vom Ende der DDR. Wolf Biermann und andere Autoren*, Berlin: Ullstein 2001.

Rheinhard, Andreas M.: *Erläuterungen zu Wolf Biermann. Loblieder und Haßgesänge*, Hollfeld/ Obfr.: Bange 1977.

Roos, Peter (Hg.): *Exil. Die Ausbürgerung Wolf Biermanns aus der DDR. Eine Dokumentation*, Köln: Kiepenheuer & Witsch 1977.

Rosellini, Jay: *Wolf Biermann*, München: C. H. Beck 1992.

Shreve, John: *Nur wer sich ändert, bleibt sich treu. Wolf Biermann im Westen*, Frankfurt/Main: Peter Lang, 1989.

Sin, Yoo: *Ikarus, Dädalus, Sisyphus. Drei mythische Modelle des Widerstands bei Wolf Biermann*, Berlin: Wissenschaftlicher Verlag Berlin 2005.

## Volker Braun

1. Primärliteratur

Braun, Volker: *Gedichte*, Leipzig: Reclam 1972.

Braun, Volker: *Wir und nicht sie. Gedichte*, Halle (Saale): Mitteldeutscher Verlag 1970.

Braun, Volker: *Gegen die symmetrische Welt. Gedichte*, 4. Aufl., Halle/ Leipzig: Mitteldeutscher Verlag 1980.

Braun, Volker: *Langsamer knirschender Morgen. Gedichte*, Frankfurt/Main: Suhrkamp 1987.

Braun, Volker: *Training des aufrechten Gangs*, 4. Aufl., Halle/ Leipzig: Mitteldeutscher Verlag 1987.

Braun, Volker: *Hinze-Kunze-Roman*, Frankfurt/Main: Suhrkamp 1988.

Braun, Volker: *Bodenloser Satz*, Frankfurt/Main: Suhrkamp 1990.

Braun, Volker: *Der Stoff zum Leben 1-3. Gedichte. Mit einem Nachwort von Hans Mayer*, Frankfurt/Main: Suhrkamp 1990.

Braun, Volker: *Text in zeitlicher Folge*, Bd. 6, Halle (Saale): Mitteldeutscher Verlag 1990.

Braun, Volker: *Die Zickzackbrücke. Ein Abrißkalender*, Frankfurt/Main: Suhrkamp 1992.

Braun, Volker: *Der Wendehals. Eine Unterhaltung*, Frankfurt/Main: Suhrkamp 1995.

Braun, Volker: *Lustgarten. Preußen. Ausgewählte Gedichte*, Frankfurt/Main: Suhrkamp 1996.

Braun, Volker: *Die Unvollendete Geschichte und ihr Ende*, Frankfurt/Main: Suhrkamp 1998.

Braun, Volker: *Tumulus*, Frankfurt/Main: Suhrkamp 1999.

Braun, Volker: *Das Wirklichgewollte*, Frankfurt/Main: Suhrkamp 2000.
Braun, Volker: *Die Verhältnisse zerbrechen. Rede zur Verleihung des Georg-Büchner-Preises 2000. Mit der Laudatio von Gustav Seibt*, Frankfurt/Main: Suhrkamp 2000.
Braun, Volker: *Das unbesetzte Gebiet*, Frankfurt/Main: Suhrkamp 2004.
Braun, Volker: *Auf die schönen Possen. Gedichte*, Frankfurt/Main: Suhrkamp 2005.
Braun, Volker: *Das Mittagsmahl*, Frankfurt/Main/ Leipzig: Insel 2007.
Braun, Volker: *Werktage. Arbeitsbuch 1977-1989*, Frankfurt/Main: Suhrkamp 2009.

2. Sekundärliteratur
Arnold, Heinz Ludwig (Hg.): *Volker Braun. Text + Kritik*. Zeitschrift für Literatur, H. 55, München: edition text + kritik 1977.
Cosentino, Christine/ Ertl, Wolfgang: *Zur Lyrik Volker Brauns*, Königstein/Ts.: Forum Academicum 1984.
Jucker, Rolf (Hg.): *Volker Braun in Perspektive*, Amsterdam/ New York: Rodopi 2004.
Kaufmann, Ulrich/ Pergande, Ingrid (Hg.): *„Gegen das GROSSE UMSONST". Vierzig Jahre mit dem Dichter Volker Braun*, Berlin/ Jena: Pergande und Kaufmann 2009.
Köhler, Kai: *Volker Brauns Hinze-Kunze-Texte. Von der Produktivität der Widersprüche*, Würzburg: Königshausen & Neumann 1996.
Profitlich, Ulrich: *Volker Braun. Studien zu seinem dramatischen und erzählerischen Werk*, München: Wilhelm Fink 1985.
Raddatz, Fritz: „Entzweites Leben", in: *Die Zeit* 44/2000, S. 57-58.

## Heinz Czechowski

1. Primärliteratur
Czechowski, Heinz: *Nachmittag eines Liebespaares. Gedichte*, Halle (Saale): Mitteldeutscher Verlag 1962.
Czechowski, Heinz: *Wasserfahrt. Gedichte*, Halle (Saale): Mitteldeutscher Verlag 1967.
Czechowski, Heinz: *Ich, beispielsweise. Gedichte*, Leipzig: Reclam 1982.
Czechowski, Heinz: *An Freund und Feind. Gedichte*, München/ Wien: Carl Hanser 1983.
Czechowski, Heinz: *Herr Neithardt geht durch die Stadt. Landschaften und Porträts*, Halle (Saale): Mitteldeutscher Verlag 1983.
Czechowski, Heinz: *Kein näheres Zeichen. Gedichte*, Halle/ Leipzig: Mitteldeutscher Verlag 1987.
Czechowski, Heinz: *Ich und die Folgen*, Reinbek bei Hamburg: Rowohlt 1987.

Czechowski, Heinz: *Mein Venedig. Gedichte und andere Prosa*, Berlin: Klaus Wagenbach 1989.

Czechowski, Heinz: *Nachtspur. Gedichte und Prosa 1987-1992*, Zürich: Ammann 1993.

Czechowski, Heinz: *Mein Westfälischer Frieden. Ein Zyklus 1996-1998*, Köln: Bücher der Nyland-Stiftung 1998.

Czechowski, Heinz: *Das offene Geheimnis. Liebesgedichte*, Düsseldorf: Grupello 1999.

Czechowski, Heinz: *Die Zeit steht still. Ausgewählte Gedichte*, Düsseldorf: Grupello 2000.

Czechowski, Heinz: *Einmischungen. Schriften 1*, Düsseldorf: Grupello 2000.

Czechowski, Heinz: *Der Garten meines Vaters. Landschaften und Orte. Schriften 2*, Düsseldorf: Grupello 2003.

Czechowski, Heinz: *Von allen Wundern geheilt. Gedichte*, Düsseldorf: Onomato 2006.

Czechowski, Heinz: *Die Pole der Erinnerung. Autobiographie*, Düsseldorf: Grupello 2006.


2. Sekundärliteratur

Cramer, Sibylle: „Hölderlin möchte ich sein: Heinz Czechowskis poetisches Journal ‚Nachtspur'", in: *Die Zeit*, 04.06.1993, 7 (http://www.zeit.de/1993/23/Hoelderlin-moechte-ich-sein).

Emmerich, Wolfgang: „Heinz Czechowski", in: *Kritisches Lexikon zur deutschsprachigen Gegenwartsliteratur (KLG)*, hg. v. Heinz Ludwig Arnold, München 1978ff., 3. Nlg. Blatt 9-10.

Emmerich, Wolfgang: *Kleine Literaturgeschichte der DDR*. Erweiterte Neuausgabe, Leipzig: Gustav Kiepenheuer 1996.

Ertl, Wolfgang: „‚Aufbruch in die Vergangenheit'. Zu Heinz Czechowskis autobiographischer und diaristischer Lyrik seit der Wende", in: http://www2. dickinson.edu/ glossen/heft18/czechowski.html.

Ertl, Wolfgang: „Sonnenhang und Nachtspur: Reiner Kunzes und Heinz Czechowskis poetische Positionen im Zeitgeschehen um die Wende", in: *Germanic Review* 70.4 (1995), S. 145-152.

Franke, Konrad: „Wüste rings umher. Gedichte vom unglücklichen Glücksucher Heinz Czechowski", in: *Süddeutsche Zeitung* 23. August 1997.

Hähnel, Ingrid (Hg.): *Lyriker im Zwiegespräch. Traditionsbeziehungen im Gedicht*, Berlin/ Weimar: Aufbau 1981.

Hamm, Peter: „Auf nach Venedig! Über Heinz Czechowski", in: *Die Zeit*, 08.12.1989 (http://www.zeit.de/1989/50/Auf-nach-Venedig).

Hartung, Harald: „Schrittmachers Ich. Heinz Czechowski schließt seinen Westfälischen Frieden", in: *Frankfurter Allgemeine Zeitung*, 13. Februar 1999: 42.

Hensel, Kerstin: „Wegkehr nach Sachsen. Heinz Czechowski sucht nach dem Innen im Außen", in: *Neues Deutschland*, 20. März 1997: 1.

Heukenkamp, Ursula: „Heinz Czechowski: Was mich betrifft", in: *Weimarer Beiträge* 29 (1983), H. 6, S. 1096-1108.

Heukenkamp, Ursula: „Unsere Sprache ist vielleicht nicht die eigentliche. Der Lyriker Heinz Czechowski", in: *Weimarer Beiträge* 1988, H. 5, S. 808-824.

Heukenkamp, Ursula: „Von Utopia nach Afrika. Utopisches Denken in der Krise der Utopie", in: *Literatur in der DDR. Rückblicke*, hg. v. Heinz Ludwig Arnold/ Frauke Meyer-Gosau, München 1991 (Text + Kritik. Sonderband), S. 184-194.

Köhler, Kai: „Der Versuch, ein Irrlicht zu bannen. Gedichte von Heinz Czechowski", in: literaturkritik.de, Nr. 5, Mai 2003.

Kunert, Günter: „Wo wir nicht sind, ist Leere. Neue Gedichte von Heinz Czechowski", in: *Die Welt*, 8. April 2000: 6.

Labroisse, Gerd: „Reflexionen eines lyrischen Ich. Bemerkungen zum Werk von Heinz Czechowski", in: *Studies in GDR Culture and Society* 5, 1985, S. 293-307.

Labroisse, Gerd: „Verwortete Zeit-Verflechtungen. Zu Heinz Czechowskis neuen Texten", in: *Im Blick behalten: Lyrik der DDR. Neue Beiträge des Forschungsprojekts DDR-Literatur an der Vrije Universiteit Amsterdam*, hrsg. v. Gerd Labroisse und Anthonya Visser, Amsterdam u. Atlanta: Rodopi 1994 (= German Monitor, Bd. 32), S. 29-85.

Leistner, Bernd: „Wider das Gespenst der Vergeblichkeit. Czechowskis Gedichtband ‚Kein näheres Zeichen'", in: *DDR-Literatur 87 im Gespräch*, hg. v. Siegfried Rönisch, Berlin/ Weimar 1988, S. 197-204.

Rothbauer, Gerhard: „Widerspiel gegen das Nichts", in: *Neue Deutsche Literatur* 1988, H. 8, S. 154-159.

Serke, Jürgen: „Heinz Czechowski: Gefangen in den Ruinen des Anfangs", in: ders.: *Zu Hause im Exil: Dichter, die eigenmächtig blieben in der DDR. Mit Fotos von Christian G. Irrgang*, München/ Zürich: Piper 1998, S. 186-215.

Strebel, Volker: „Czechowski randaliert wieder. Die Autobiografie des Dichters und Essayisten Heinz Czechowski berichtet von mehreren Leben und Welten", in: *literaturkritik.de* Nr. 12, Dezember 2006 (http://www.literaturkritik.de/public/ rezension.php?rez_id=10197).

Verdofsky, Jürgen: „Der Dichter opfert sein bürgerliches Leben. Heinz Czechowskis Zyklus ‚Mein Westfälischer Frieden'", in: *Berliner Zeitung*, 15. Mai 1999, S. M5.

Wallmann, Jürgen P: „Czechowskis westfälischer Frieden", in: *Am Erker. Zeitschrift für Literatur*, Nr. 36 (1998), S. 148-149.

Wolf, Gerhard: „Der eigenen Spur treu", in: *Neue Zeit*, 3. Juni 1993: 2.

## Durs Grünbein

1. Primärliteratur

Grünbein, Durs: *Grauzone morgens. Gedichte*, Frankfurt/Main: Suhrkamp 1988.

Grünbein, Durs: *Schädelbasislektion. Gedichte*, Frankfurt/Main: Suhrkamp 1991.

Grünbein, Durs: *Den teuren Toten. Gedichte*, Frankfurt/Main: Suhrkamp 1994.

Grünbein, Durs: *Falten und Fallen*, Frankfurt/Main: Suhrkamp 1994.

Grünbein, Durs: *Den Körper zerbrechen. Rede zur Entgegennahme des Georg-Büchner-Preises 1995. Mit der Laudatio Portrait des Künstlers als junger Grenzhund von Heiner Müller*, Frankfurt/Main: Suhrkamp 1995.

Grünbein, Durs: *Galilei vermißt Dantes Hölle. Aufsätze*, Frankfurt/Main: Suhrkamp 1996.

Grünbein, Durs [u.a.]: *CrossMapping. Partenheimer in China*, hrsg. v. Michel Gaißmayer/ Dieter Ronte, Düsseldorf: Richter Verlag 2002.

Grünbein, Durs: *Erklärte Nacht*, Frankfurt/Main: Suhrkamp 2002.

Grünbein, Durs: *Das erste Jahr. Berliner Aufzeichnungen*, Frankfurt/Main: Suhrkamp 2003.

Grünbein, Durs: *Vom Schnee oder Descartes in Deutschland*, Frankfurt/Main: Suhrkamp 2003.

Grünbein, Durs: *Warum schriftlos leben. Aufsätze*, Frankfurt/Main: Suhrkamp 2003.

Grünbein, Durs: *Berenice. Ein Libretto nach Edgar Allan Poe für eine Oper von Johannes Maria Staud*, Frankfurt/Main: Suhrkamp 2004.

Grünbein, Durs: *Der Misanthrop auf Capri*, Frankfurt/Main: Suhrkamp 2005.

Grünbein, Durs: *Porzellan. Poem vom Untergang meiner Stadt*, Frankfurt/Main: Suhrkamp 2005.

Grünbein, Durs: *Gedicht und Geheimnis. Aufsätze 1990-2006*, Frankfurt/Main: Suhrkamp 2007.

Grünbein, Durs: *Liebesgedichte*, Frankfurt/Main/ Leipzig: Insel 2008.

Grünbein, Durs: *Lob des Taifuns. Reisetagebücher in Haikus*, Frankfurt/Main/ Leipzig: Insel 2008.

Grünbein, Durs: *Vom Stellenwert der Worte. Frankfurter Poetikvorlesung*, Frankfurt/Main/ Leipzig: Insel 2010.

## 2. Sekundärlitiertur

Ahrend, Hinrich: *„Tanz zwischen sämtlichen Stühlen". Poetik und Dichtung im lyrischen und essayistischen Werk Durs Grünbeins*, Würzburg: Königshausen & Neumann 2010.

Arnold, Heinz Ludwig: *Durs Grünbein*, München: edition text+kritik 2002.

Berg, Florian: *Das Gedicht und das Nichts. Über Anthropologie und Geschichte im Werk Durs Grünbeins*, Würzburg: Königshausen & Neumann 2007.

Müller, Alexander: *Das Gedicht als Engramm. Memoria und Imaginatio in der Poetik Durs Grünbeins*, Oldenburg: Igel Verlag Literatur 2004.

## Sarah Kirsch

### 1. Primärliteratur
Kirsch, Sarah: *Landesaufenthalt. Gedichte*, Berlin/ Weimar: Aufbau, 1967.
Kirsch, Sarah: *Zaubersprüche. Gedichte*, Berlin/ Weimar: Aufbau, 1973.
Kirsch, Sarah: *Rückwind. Gedichte*, Berlin/ Weimar: Aufbau, 1976.
Kirsch, Sarah: *Drachensteigen. Vierzig neue Gedichte*, München: Langewiesche-Brandt 1979.
Kirsch, Sarah: *Katzenleben. Gedichte*, Stuttgart: Deutsche Verlags-Anstalt 1984.
Kirsch, Sarah: *Hundert Gedichte*, München: Langewiesche-Brandt 1985.
Kirsch, Sarah: *Landwege. Eine Auswahl 1980-1985*, Stuttgart: Deutsche Verlags-Anstalt 1985.
Kirsch, Sarah: *Schneewärme. Gedichte*, Stuttgart: Deutsche Verlags-Anstalt 1985.
Kirsch, Sarah: *Irrstern. Gedichte*, Stuttgart: Deutsche Verlags-Anstalt 1986.
Kirsch, Sarah: *Allerlei-Rauh. Eine Chronik*, 2. Aufl., Stuttgart: Deutsche Verlags-Anstalt 1989.

### 2. Sekundärliteratur
Cosentino, Christine: *„Ein Spiegel mit mir darin". Sarah Kirschs Lyrik*, Tübingen: Francke Verlag 1990.

## Uwe Kolbe

Kolbe, Uwe: *Hineingeboren. Gedichte 1975-1979*, Berlin und Weimar: Aufbau 1980, Frankfurt/Main: Suhrkamp 1982.
Kolbe, Uwe: *Bornholm II. Gedichte*, Frankfurt/Main: Suhrkamp 1987.
Kolbe, Uwe: *Bornholm II. Gedichte*, 2. Aufl., Berlin: Aufbau 1989.
Kolbe, Uwe: *Vaterlandkanal. Ein Fahrtenbuch*, Frankfurt/Main: Suhrkamp 1990.
Kolbe, Uwe: *Nicht wirklich platonisch. Gedichte*, Frankfurt/Main: Suhrkamp 1994.
Kolbe, Uwe: *Renegatentermine. 30 Versuche, die eigene Erfahrung zu behaupten*, Frankfurt/ Main: Suhrkamp 1998.
Kolbe, Uwe: *Vineta. Gedichte*, Frankfurt/Main: Suhrkamp 1998.
Kolbe, Uwe: *Die Farben des Wassers. Gedichte*, Frankfurt/Main: Suhrkamp 2001.
Kolbe, Uwe: *Heimliche Feste. Gedichte*, Frankfurt/Main: Suhrkamp 2008.

## Günter Kunert

### 1. Primärliteratur
Kunert, Günter: *Abtötungsverfahren*, München/ Wien: Carl Hanser 1980.
Kunert, Günter: *Verspätete Monologe*, München/ Wien: Carl Hanser 1981.
Kunert, Günter: *Vor der Sintflut. Das Gedicht als Arche Noah. Frankfurter Vorlesungen*, München/ Wien: Carl Hanser 1985.

Kunert, Günter: *Berlin beizeiten. Gedichte*, München/ Wien: Carl Hanser 1987.

Kunert, Günter: *Fremd daheim. Gedichte*, München/ Wien: Carl Hanser 1990.

Kunert, Günter: „Zu Besuch in der Vergangenheit", in: *Neue Rundschau*, 107. Jahrgang, 1996/1.

Kunert, Günter: *Der alte Mann spricht mit seiner Seele*, Göttingen: Wallstein 2006.

Kunert, Günter: *Als das Leben umsonst war*, München: Carl Hanser 2009.


## 2. Sekundärliteratur

Durzak, Manfred/ Steinecke, Helmut (Hg.): *Günter Kunert. Beiträge zu seinem Werk*, München/ Wien: Carl Hanser 1992.

Durzak, Manfred/ Keune, Manfred (Hg.): *Kunert-Werkstatt. Materialien und Studien zu Günter Kunerts literarischen Werk*, Bielefeld: Aisthesis 1995.

Hinze, Dagmar: *Günter Kunert. Sinnstiftung durch Literatur. Literaturtheorie und dichterische Praxis*, Frankfurt/Main [u. a.]: Lang 1996 (= Beiträge zur neuen Epochenforschung, Bd. 13).

Krüger, Michael (Hg.): *Kunert lesen*, München/ Wien: Carl Hanser 1979.

Sanna, Simonetta: „*Berlin beizeiten* von Günter Kunert. Die Strukturierung der Zeit", in: Günter Kunert. Beiträge zu seinem Werk, hrsg. v. Manfred Durzak und Helmut Steinecke, München 1992.

Steinecke, Hartmut: *Gewandelte Wirklichkeit – verändertes Schreiben? Zur neuesten deutschen Literatur: Gespräche, Werke, Porträts*, Oldenburg: Igel Verlag 1999.

# Reiner Kunze

## 1. Primärliteratur

Kunze, Reiner: *widmungen. gedichte*, Bad Godesberg: Hohwacht-Verlag 1963.

Kunze, Reiner: *sensible wege. achtundvierzig gedichte und ein zyklus*, Reinbek bei Hamburg: Rowohlt 1969.

Kunze, Reiner: *sensible wege und frühe gedichte*, Reinbek bei Hamburg: Rowohlt 1969.

Kunze, Reiner: *zimmerlautstärke. gedichte*, Frankfurt/Main: S. Fischer 1972.

Kunze, Reiner: *Brief mit blauem Siegel. Gedichte*, Leipzig: Reclam 1974.

Kunze, Reiner: *auf eigene hoffnung. gedichte*, Frankfurt/Main: S. Fischer 1987.

Kunze, Reiner: *Das weiße Gedicht. Essays*, Frankfurt/Main: S. Fischer 1989.

Kunze, Reiner: *Deckname „Lyrik". Eine Dokumentation von Reiner Kunze*, Frankfurt/Main: S. Fischer 1990.

Kunze, Reiner: *eines jeden einziges leben. gedichte*, Frankfurt/Main: S. Fischer 1994.

Kunze, Reiner: *Wo Freiheit ist ... Gespräche 1977-1993*, Frankfurt/Main: S. Fischer 1994.

Kunze, Reiner: *Der Löwe Leopold. Fast Märchen, fast Geschichten*, Frankfurt/Main: S. Fischer 1995.

Kunze, Reiner: *Bindewort „deutsch".* *Reden,* Hauzenberg: Edition Toni Pongratz 1997.

Kunze, Reiner: *ein tag auf dieser erde. gedichte,* 2. Aufl., Frankfurt/Main: S. Fischer 1998.

Kunze, Reiner: *Am Sonnenhang. Tagebuch eines Jahres,* 2. Aufl., Frankfurt/Main: S. Fischer 1999 (1. Ausgabe 1995).

Kunze, Reiner: *Die Aura der Wörter. Denkschrift,* Stuttgart: Radius Verlag 2002.

Kunze, Reiner: *Wohin der Schlaf sich schlafen legt. Gedichte für Kinder,* 5. Aufl., Frankfurt/Main: S. Fischer 2002.

Kunze, Reiner: *Wo wir zu Hause das Salz haben. Nachdichtungen,* Frankfurt/Main: S. Fischer 2003.

Kunze, Reiner: *zimmerlautstärke. gedichte,* 18. Aufl., Frankfurt/Main: S. Fischer 2003 (1. Ausgabe 1972).

Kunze, Reiner: *Bleibt nur die eigne Stirn. Ausgewählte Reden,* Stuttgart: Radius Verlag 2005.


2. Sekundärliteratur

Chon, Young-Ae: „„Im Lied jedoch' – in der globalisierten Welt. Zu Reiner Kunzes Korea-Gedichten", in: *Neue Rundschau* 2009 H. 3, Frankfurt/Main: S. Fischer, S. 193-212.

Eger, Christian: *Zivilität des Herzens. Laudatio auf Reiner Kunze,* Literarische Gesellschaft Thüringen e. V. Manuskript.

Feldkamp, Heiner: *Reiner Kunze. Materialen zu Leben und Werk,* Frankfurt/Main: S. Fischer 1987.

Feldkamp, Heiner: *Sichtbarmachen. Bild und Gedicht im Werk Reiner Kunzes,* Hauzenberg: Edition Toni Pongratz 1991.

Feldkamp, Heiner: *Poesie als Dialog. Grundlinien im Werk Reiner Kunzes,* Regensburg: S. Roderer Verlag 1994.

Frühwald, Wolfgang: „„Kein Gedicht ist für jeden.' Zur Einführung in das Werk Reiner Kunzes", Vortrag in Landshut am 6. November 2009, Manuskript.

Günther, Christiane/ Kiermeier, Ursula (Hg.): *Reiner Kunze – Materialien zur Literatur,* Kraków: Goethe-Institut 1992.

Hartmann, Christoph: „*Für alle die im Herzen barfuß sind"* – *Die Rolle des Lesers in der Lyrik Reiner Kunzes,* München: Grin Verlag 2007.

Jäger, Andrea: *Schriftsteller aus der DDR. Ausbürgerungen und Übersiedlungen von 1961 bis 1989,* 2 Bde., Frankfurt/Main: Peter Lang 1995.

Jäger, Manfred: „Reiner Kunze", in: *Kritisches Lexikon zur deutschsprachigen Gegenwartsliteratur,* hrsg. v. Heinz Ludwig Arnold, München: edition text + kritik 1978ff.

Mytze, Andreas W. (Hg.): *Über Reiner Kunze,* Berlin: Verlag Europäische Ideen, Sonderheft 1976.

Rudolph, Ekkehard: *Aussage zur Person. Zwölf deutsche Schriftsteller im Gespräch mit Ekkehard Rudolph,* Tübingen/ Basel: Horst Erdmann Verlag 1997.

Schmitz, Walter (Hg.): *Sprachvertrauen und Erinnerungen. Reden zur Ehrenpromotion von Reiner Kunze an der Technischen Universität Dresden*, Hauzenberg: Edition Toni Pongratz 1994.

Strebel, Volker: *Reiner Kunzes Rezeption tschechischer Literatur*, Essen: Die blaue Eule 2000.

Wallmann, Jürgen P: *Reiner Kunze. Materialien und Dokumente*, Frankfurt/Main: S. Fischer 1977.

Wolff, Rudolf (Hg.): *Reiner Kunze – Werk und Wirkung*, Bonn: Bouvier Verlag 1983.

Ziener, Ulrich/ Kratschmer, Edwin (Hg.): *Das blaue Komma – Zu Reiner Kunzes Leben und Werk*, Weimar: VDG 2003.

Zwiener, Ulrich/ Meinhold, Gottfried (Hg.): *Reiner Kunze. "… und nie mehr der lüge den ring küssen müssen". Erste Jenaer Dichterlesung mit Verleihung der Ehrenmitgliedschaft des Collegium Europaeum Jenense*, Jena/ Erlangen: Druckhaus Mayer 1992.

Zybura, Marek (Hg.) *Mit dem wort am leben hängen … Reiner Kunze zum 65. Geburtstag*, Heidelberg: Universitätsverlag C. Winter 1998.

**Werner Makowski**

Makowski, Werner: *Stille Gesellschaft. Gedichte*, Mainz: Verlag André Thiel 2009.

**Sonstige Autoren**

Brecht, Bertolt: *Gesammelte Gedichte in vier Bänden,* Bd. 2, Frankfurt/Main: Suhrkamp 1976.

Brecht, Bertolt: *Gesammelte Werke in 20 Bänden, hrsg. in Zusammenarb. mit Elisabeth Hauptmann*, Frankfurt/Main: Suhrkamp 1967.

Brinkmann, Rolf Dieter: *Standfotos. Gedichte 1962-1970*, Reinbek bei Hamburg: Rowohlt 1980.

Büchner, Georg: *Sämtliche Werke und Briefe. Zweiter Band vermischte Schriften und Briefe*, Historisch-kritische Ausgabe mit Kommentar, hrsg. v. Werner R. Lehman, München: Carl Hanser 1972.

Celan, Paul: *Gesammelte Werke in fünf Bänden*, Frankfurt/Main: Suhrkamp 1983.

Cibulka, Hans: *Arioso. Gedichte*, Halle (Saale): Mitteldeutscher Verlag 1962.

Descartes, René: *Discours de la Méthode. Bericht über die Methode*, Stuttgart: Reclam 2001.

Eichendorff, Joseph von: Werke in sechs Bänden, hrsg. v. Wolfgang Frühwald u. a., Bd. 1, Gedichte Versepen, hrsg. v. Hartwig Schultz, Frankfurt/Main: Deutscher Klassiker Verlag 1987.

Enzensberger, Hans Magnus: *landessprache. Gedichte,* Frankfurt/Main: Suhr-kamp 1970.

Fried, Erich: *Anfechtungen. Fünfzig Gedichte,* Berlin: Wagenbach 1967.

Goethe, Johann Wolfgang von: *West-östlicher Divan,* hrsg. v. Hendrik Birus, 2. revid. Aufl., Frankfurt/Main: Suhrkamp 2010.

Gomringer, Eugen: *konstellationen ideogramme stundenbuch,* Stuttgart: Reclam 1977.

Heine, Heinrich: *Werke, Briefwechsel, Lebenszeugnis. Säkularausgabe, Bd. 2. Gedichte und Versepen 1827-1844,* bearbeitet v. Irmgard Miller u. Hans Böhm, Berlin: Akademie-Verlag 1979.

Hölderlin, Friedlich: *Sämtliche Werke und Briefe,* hrsg. v. Jochen Schmidt, Frankfurt/Main: Deutscher Klassiker Verlag 1992.

Huchel, Peter: *Chausseen Chausseen. Gedichte,* Frankfurt/Main: Suhrkamp 1982.

Johnson, Uwe: *Mutmassungen über Jakob. Roman,* Frankfurt/Main: Suhrkamp 1959.

Johnson, Uwe: *Zwei Ansichten. Erzählung,* Frankfurt/Main: Suhrkamp 1963.

Kafka, Franz: *Beschreibung eines Kampfes. Novellen, Skizzen, Aphorismen aus dem Nachlass,* Frankfurt/Main: S. Fischer 1980.

Kluge, Gerhard: „Die deutsche Teilung im lyrischen Gedicht der DDR", in: *Die deutsche Teilung im Spiegel der Literatur,* hrsg. v. Karl Lamers, Stuttgart: Verlag Bonn Aktuell 1963.

Müller, Heiner: *Ende der Handschrift. Gedichte. Ausgewählt und mit einem Nachwort versehen von Durs Grünbein,* Frankfurt/Main: Suhrkamp 2000.

Rilke, Rainer Maria: *Sämtliche Werke,* hrsg. vom Rilke-Archiv in Verbindung mit Ruth Sieber-Rilke, besorgt durch Ernst Zinn, Bd. 1, Gedichte. Erster Teil, Frankfurt/Main: Insel Verlag 1955.

Schneider, Peter: *Der Mauerspringer. Erzählung,* Reinbek bei Hamburg: Rowohlt 1984.

Wolf, Christa: *Der geteilte Himmel. Erzählung,* München: Luchterhand 1963.


## Allgemeines

Agamben, Giorgio: *Was von Auschwitz bleibt,* Frankfurt/Main: Suhrkamp 2003, Original 1998.

Arenhövel: *Demokratie und Erinnerung. Der Blick zurück auf Diktatur und Menschenrechtsverbrechen,* Frankfurt/Main/ New York: Campus Verlag 2000.

Arnold, Heinz Ludwig/ Korte, Hermann: *Lyrik der DDR,* unter Mitarbeit von Nadine Schmitdt u. Axel Duckaberle, Frankfurt/Main: S. Fischer 2009.

Bornheim, Günther: *Versuch zu zeigen, dass Adorno mit seiner Behauptung, nach Auschwitz lasse sich kein Gedichte mehr schreiben, recht hatte,* Würzburg: Königshausen & Neumann 2002.

Brüns, Elke: *außenstehend, ungelenk, kopfüber weiblich. Psychosexuelle Autorpositionen bei Marlen Haushofer, Marieluise Fleißer und Ingeborg Bachmann*, Stuttgart: J. B. Metzler 1998.

Brüns, Elke: *Nach dem Mauerfall. Eine Literaturgeschichte der Entgrenzung*, München: Wilhelm Fink Verlag 2006.

Buch, Hans Christoph (Hg.): *Tintenfisch Heft 15*. Thema: Deutschland. Das Kind mit den zwei Köpfen, Berlin: Klaus Wagenbach 1978.

Chiarloni, Anna/ Pankoke, Helga: *Grenzfallgedichte. Eine deutsche Anthologie*, Berlin: Aufbau 1991.

Chiarloni, Anna: „Zur deutschen Lyrik nach dem Fall der Mauer", in: *Studies in GDR Culture and Society* Nr. 11-12, New York/ London: University Press of America 1993.

Chon, Young-Ae: *Finstere Zeit und die Sprache des Leidens. Zur Lyrik Paul Celans*. Seoul: Munhakgwa Jiseong 1986.

Conrady, Karl Otto (Hg.): *Gedichte zur deutschen Wende 1989/1990*, Frankfurt/Main: Suhrkamp 1993.

Deutscher Schriftstellerverband (DSV) (Hg.): *neue deutsche literatur*, Oktober 1984.

Durzak, Manfred/ Kuruyazici, Nilüfer (Hg.): *Die andere Deutsche Literatur. Istanbuler Vorträge*, Würzburg: Königshausen & Neumann 2004.

Emmerich, Wolfgang: *Kleine Literaturgeschichte der DDR, (1945-1995)*. Erweiterte Neuausgabe, Leipzig: Gustav Kiepenheuer 1996.

Fuhrmann, Helmut: *Vorausgeworfene Schatten. Literatur in der DDR - DDR in der Literatur. Interpretationen*, Würzburg: Königshausen & Neumann 2003.

Geipel, Birgit: *Grenzgänger in den geteilten Nationen Deutschland und Korea. Uwe Johnsons* Mutmassungen über Jakob *und Choi In-Huns* Der Platz im Vergleich, unveröffentlichte Magisterarbeit, LMU München 2009.

Girschner-Woldt, Ingrid: *Theorie der modernen politischen Lyrik*, Berlin: Verlag Volker Spiess 1971.

Glaser, Horst A. (Hg.): *Deutsche Literatur zwischen 1945 und 1995*, UTB 1981, Bern/ Stuttgart/ Wien: Verlag Paul Haupt 1997.

Grub, Frank Thomas: ‚Wende' und ‚Einheit' im Spiegel der deutschsprachigen Literatur. Ein Handbuch. Bd.1: Untersuchungen, Berlin/ New York: Walter de Gruyter 2003.

Grub, Frank Thomas: ‚Wende' und ‚Einheit' im Spiegel der deutschsprachigen Literatur. Ein Handbuch. Bd. 2: Bibliographie, Berlin/ New York: Walter de Gruyter 2003.

Helbig, Holger u.a. (Hg.): *Weiterschreiben. Zur DDR-Literatur nach dem Ende der DDR*, Berlin: Akademie Verlag 2007.

Heukenkamp, Ursula (Hg.): *Deutsche Erinnerung. Berliner Beiträge zur Prosa der Nachkriegsjahre (1945-1960)*, Berlin: Erich Schmidt 2000.

Hinderer, Walter: *Arbeit an der Gegenwart. Zur deutschen Literatur nach 1945*, Würzburg: Königshausen & Neumann 1994.

Hundmann, Willi u.a. (Hg.): *Engagierte Literatur in Wendezeiten*, Würzburg: Königshausen & Neumann 2003.

Jordan, Lothar u.a.: *Lyrik – Blick über die Grenzen*, Frankfurt/Main: S. Fischer 1984.

Kammler, Clemens u.a.: *Deutschsprachige Gegenwartsliteratur seit 1989. Gattungen –Themen – Autoren. Eine Auswahlbibliographie*, Heidelberg: Synchron. Wissenschaftsverlag der Autoren 2003.

Kammler, Clemens/ Pflugmacher, Torsten: *Deutschsprachige Gegenwartsliteratur seit 1989. Zwischenbilanzen – Analysen – Vermittlungsperspektiven*, Heidelberg: Synchron. Wissenschaftsverlag der Autoren 2004.

Knobloch, Hans Jörg/ Koopmann, Helmut: *Deutschsprachige Gegenwartsliteratur*, Tübingen: Stauffenburg Verlag 1997.

Köhler, Astrid: *Brückenschläge. DDR-Autoren vor und nach der Wiedervereinigung*, Göttingen: Vandenhoeck & Ruprecht 2007.

Korte Hermann: *Zurückgekehrt in den Raum der Gedichte. Deutschsprachige Lyrik der 1990er Jahre. Mit einer Auswahlbibliographie*, Münster: LIT Verlag 2004.

Kraft, Thomas (Hg.): *aufgerissen. Zur Literatur der 90er*, München/ Zürich: Piper Verlag 2000.

Krüger, Horst: *Zeitgelächter. Ein deutsches Panorama*, Hamburg: Hoffmann und Campe 1973.

Kutsch, Axel (Hg.): *An Deutschland gedacht. Lyrik zur Lage des Landes*, Weilerswist: Ralf Liebe 2009.

Lamping, Dieter: *Wir leben in einer politischen Welt. Lyrik und Politik seit 1945*, Göttingen: Vandenhoeck & Ruprecht 2008.

Laschen, Gregor: *Lyrik in der DDR. Anmerkungen zur Sprachverfassung des modernen Gedichts*, Frankfurt/Main: Athenäum-Verlag 1971.

Mann, Ekkehard: *Untergrund, Autonome Literatur und das Ende der DDR*, Frankfurt/Main: Peter Lang 1996.

Morawietz, Kurt (Hg.): *Deutsche Teilung. Ein Lyrik-Lesebuch*, Wiesbaden: Limes Verlag 1966.

Rüther, Günther (Hg.): *Literatur in der Diktatur. Schreiben im Nationalsozialismus und DDR-Sozialismus*, Paderborn u. a.: Ferdinand Schöningh Verlag 1997.

Scholz, Hannelore u.a. (Hg.): *ZeitStimmen. Betrachtungen zur Wende-Literatur*, Berlin: trafo verlag 2003.

Schuller, Wolfgang: *Die Deutsche Revolution 1989*, Berlin: Rowohlt 2009.

Sevin, Dieter: *Textstrategien in DDR-Prosawerken zwischen Bau und Durchbruch der Berliner Mauer*, Heidelberg: Universitätsverlag C. Winter 1994.

Stephan, Inge/ Tacke, Alexandra: *NachBilder der Wende*, Köln/ Weimar/ Wien: Böhlau 2008.

Von Essen, Gesa/ Turk, Horst (Hg.): *Unerledigte Geschichten. Der literarische Umgang mit Nationalität und Internationalität*, Göttingen: Wallstein Verlag 2000.

Weigel, Sigrid: *Bilder des kulturellen Gedächtnisses. Beiträge zur Gegenwartsliteratur*, Dülmen-Hiddingsel: tende 1994.

Welsch, Wolfgang: *Ich war Staatsfeind Nr. 1. Der Stich des Skorpion als Fluchthelfer auf der Todesliste der Stasi*, München/ Zürich: Piper 2006 (1. Aufl. 2003).

Wilke, Sabine: *Poetische Strukturen der Moderne. Zeitgenössische Literatur zwischen alter und neuer Mythologie*, Stuttgart: J. B. Metzler 1992.

Woesler, Winfried: *Deutsche Gegenwartsliteratur Lyrik (1968-2000). Darstellung und Textbeispiele. Ein literaturwissenschaftliches Arbeitsbuch*, Bochum: Bochumer Universitätsverlag 2002.